REPOS DE
PLVS GRAND
TRAVAIL.

A LYON,
PAR IEAN DE TOVRNES,
ET GVIL. GAZEAV.

M. D. XXXXX.

A SA SAINTE.

'AME celeste, laquelle ce Createur admirable de l'Vniuers feit par grande similitude approcher de sa perfection plus que toutes les autres choses creées, estant empeschee en ce corps ter restre, s'efforce tous les iours de plus en plus à se desuelopper de sa chair, pour par la contemplation de l'ouurage du monde, venir de degré en degré à la parfaite congnoissance de l'ouurier. Ce qui certes est le principal but de son intention : & fault dire que du tout la nature est deprauee en celuy qui se sent estre sans tel desir. Or ne viennent tous par mesme chemin à celle congnoissance : car les vns sentent les effectz de la diuinité graues en vne cho se, les autres en autre, selon mesme ce à quoy ilz sont par les superieures puissances naturellement inclinez. Parquoy ie suis maintenant contraint de confesser, que vous (Dame qui par vostre indicible saincteté meritez le nom de Sainte) auez esté cau se, que mon Ame contemple mieux son facteur, que

a 2

deuant

deuant elle ne faisoit. Car iasoit que par les autres
choses elle ayt tout iour la consideration de Dieu:
si est ce qu'en vous elle congnoit pour soy, plus de
vertus & graces infuses, qu'en toutes les autres
creatures. En admirant lesquelles vertus plus faci-
lemēt elle comprend celuy duquel elles sont venues:
& ainsi par vous se parfait en la vraye cōgnoissan
ce du souuerain bien. Pour quoy ie rend graces infi-
nies à Dieu, qui si heureusemēt me feit naistre, que
ie fusse destiné à seruir vous, la plus parfaitement
sainte des saintemēt parfaites: & que ie le prie puis
que ia pour vous il m'ha fait en moymesme mourir, que ce soit auec telle felicité, que ie trouue en
vous (ce que ie quiers) double vie immortelle. Ce
sont les effects de la vraye amour celeste, que ie desire estre de vous en moy cōme ia elle est de moy en
vous: Amour ne dy ie pas terrestre de la chair &
des corps, mais celeste des esprits & des ames: qui
est de l'homme à la femme, & de la femme à
l'homme, aussi bien, ou mieux, qu'entre deux hommes, ou entre deux femmes. Ce que ie prouueray
plus amplemẽt en mon Dialogue d'amour, in-
script Pylades, contre la contraire, faulse, & perni-
cieuse opinion. Pour donques vous monstrer comment ceste amour me consacre & dedie totale-
ment à vous, i'ay recuilli certaines miennes petites

tes compositions de ma premiere ieunesse, comme
de quinze à vingt ans, pour les vous presenter. En
quoy ie congnoy aussi bien ma puerilité, que l'auda-
cieux raillard & mesdisant qui en iasera : mais ie
veux bien que lon congnoisse par cecy, & par ce
qu'on pourra de moy voir d'or en auant, comment
le iugement & le sauoir croist auecques l'aage : &
pource aussi que à vous sont deuz mes labeurs du
temps passé & à venir, lesquelz vous seront tous
adressez l'vn apres l'autre. Au demeurant ie n'ay
seulement imité la façon d'escrire des Grecs, Latins & Italiens : ains ie n'ay point reietté les bonnes inuentions de noz anciens François : & ceux
qui le font, me semblent mal illustrer nostre langue. Ce pendant,

Ce mien esprit qui en trauail repose
Sainte pour vous, & en repos trauaille,
En trauaillant appreste plus grand' chose,
En reposant, au moins, cecy vous baille.

TRAVAIL EN REPOS.

d 3

C. FONTEINE A LA SAINTE
DE L'AVTHEVR.

Sainte tu es de toutes vertuz ceinte,
Mais l'amy fait que sainte on te lira:
Außi tu fais qu'en l'aymant d'amour sainte
(O tresgrand eur!) ton Saint on le dira.

REPOS DE
PLVS GRAND
TRAVAIL.

EPIGRAMMES.
A sa Sainte.

Oy, Sainte, icy attendant le reueil
De mõ esprit, & mes plus haults
   propos:
Le doux repos de mon plus grand
   trauail:
Le doux trauail de mõ plus grand

repos.

De ses Vers.

Ma muse chante saintement
L'amour d'un amy arresté:
Et resonne amoureusement
D'une Sainte la saincteté.

De sa Sainte.   Sonet.

Quand ie la vy, en si grand' vertu belle
Et en si grand beauté, tant vertueuse:
Amour cruel, par force impetueuse,

4   4

Me

Me contraingnit estre seruiteur d'elle.
En la seruant d'une affection belle,
Voicy, amour en fureur chaleureuse
Vint commander à mon ame amoureuse,
De ladorer comme sainte immortelle.
Ainsi deuot ma Sainte i'adorois:
Ou bien plus tost par dulie honorois:
Mais cest Amour, qui mon ame ha meurtrie,
Voudroit (ie croy) que ma deuotion
Montast encor à l'adoration
Beaucoup plus haulte appellee latrie.

A celle mesme.

I'auois parfait le cours de quatre lustres
Souz le pouuoir de la Lune & Mercure,
Lors que Venus par ses chaleurs illustres
Crea en moy d'amour premiere cure.
D'amour ie dy, qui fait au cœur blessure
Par l'œil voyant ta beauté corporelle:
Mais maintenant, que ma veüe internelle
Pour contempler l'esprit ton corps transperce:
En ta vertu, sus toutes vertus belle,
L'œil amoureux de mon Ame i'exerce.

A M. Sceue.

Le mesme Dieu, Sceue, qui te blessa,
Et naistre en toy feit haulte inuention,

De

De mesme traict mon ame transperca:
Pource ie chante à mesme intention.
Le danger mesme à mon affection
Est,qui rendit la tienne tant confuse:
Et là loy mesme,auecques toy,i'accuse,
Qui de monstrer,defend,si bien on m'ayme:
Mais ie n'ay pas mesme art,ny mesme Muse,
Pour declarer mon feu ardent de mesme.

A l'autheur des Erreurs
amoureuses.

Sonet.

Mes yeux errans,& desirans acquerre
　A leur moteur l'esprit,contentement:
　En tes erreurs ont prins esbatement
　Tel,que ie suis content d'ailleurs n'en querre.
O Appollon,ô Muses,quel tonnerre
　Fera vn iour cest esprit haultement
　En son plus droit,puis que si doctement
　En ses Erreurs amoureuses il erre!
Voulant ma Muse à ceste heure esueiller
　(Pour au repos que ie prens trauailler)
　Ie pri, Phebus & les neuf Sœurs aussi:
Que,pour saouler ma grande affection,
　I'aye en mes iours celle perfection
　D'aller si droit,qu'errer ie puisse ainsi.

a　5　　De

De son Amour. Sonet.

Il me souuient (bien souuenir m'en doit)
  Du iour tressaint, que ma tresdigne Sainte,
  De son aguille en son rouge sang teinte,
  Subtilement à couldre s'entendoit:
Et ce pendant que mon œil regardoit
  A sa façon d'ouurer tant belle, & cointe:
  Amour poingnoit mon cœur d'vne autre pointe,
  Et à la main de ma Sainte accordoit.
Ha (dy ie) Amour, tu me fais grand' iniure:
  Ma Sainte icy tantost plus ne couldra,
  Et cessera sa galante piquure.
De toy enfant, iamais ne defaudra
  La tresfascheuse & tresgrieue pointure,
  Qui sans cesser tout iour mon cœur poingdra.

A la posterité, pourquoy il cele le nom de sa Sainte.

Excuse moy, bonne Posterité,
Si decelé ne t'ay le nom de celle,
Qui par vertu auoit bien merité,
Que d'elle fust la memoire eternelle.
Et que par toy fust rendue immortelle,
En la chantant sans fin apres sa mort:
Le temps present, à la vertu rebelle,
A toy, à elle, & à moy fait ce tort.

De la constance de sa Sainte.

Vn iour Amour à ma Sainte visoit,
Pour son froid cœur naurer comme le mien:
Ma Sainte lors de trauers l'auisoit,
En luy disant, Archer, ie te voy bien,
Tire hardiment ton Arc, ie ne crains rien:
De telz propos Amour eut desplaisance:
Et descocha vn trait à grand' puissance:
Mais frappé fut l'Archer auantureux
Du propre trait, repoulsé par constance:
Si qu'Amour fut de ma Sainte amoureux.

A ce propos.

Amour estant amoureux de ma Sainte,
Meit en auant les moyens qu'il auoit,
Humble parler, amoureuse complainte,
L'anses & saults, & tout ce qu'il sauoit.
Son trauail vain, en ce faisant il void:
Lors congnoissant son grand & grief martyre,
Venant de soy: & que par faire ou dire,
Rien ne venoit selon son appetit:
Plus de cent fois despita, par grande ire,
Son pouuoir grand, & son pouuoir petit.

A Pierre Bouchage, dit Noble,
son Pylades par alliance.

Noble tu es de nom & de courage,

Noble

Noble vrayment en parole & en fait:
Noble ie suis de race & parentage,
Et tache plus à l'estre par effect.
En Helycon Phebus monter t'ha fait,
Les Muses m'ont fait boire en leur fonteine.
Nostre amitié, Pylades, est certaine:
Puis que noz mœurs conuiennent en ce poinct.
Encor tous deux sommes en mesme peine,
L'enfant Amour en mesme temps nous poingt.

A M. Denys Sauget.

Si ie ne monte auecques grauité,
A si sublime & haulte vehemence:
Ie ne descend aussi, par consequence,
En si profonde & basse obscurité.
   La venerable & docte antiquité,
En escriuant d'Amour & de ses flammes,
Loz eternel au monde ha merité,
Et n'ha point fait si haults ses epigrammes.

A sa Sainte.

Tu es ma mort, tu es ma vie, ô Sainte:
Tu es ma ioye, & tu es ma tristesse:
De mon esprit es l'espoir, & la crainte:
Empeschement tu m'es, & vraye adresse:
Cause tu es de ce deuil qui m'abbaisse,

Et

Et du plaisir qui me remet debout:
De ma pensee es l'vn & l'autre bout:
Tu es mon mal,tu es mon parfait bien.
Conclusion,Sainte tu es mon tout:
Mais ne sois pas ie te suppli mon rien.

A elle encor au temps des Rogations.

Ie voy icy passer,de maints & maintes,
Vne deuote & bonne compagnie,
Appellant Dieu,les Anges,Saints,& Saintes,
Des bons esprits l'assemblee infinie:
Mais beaucoup plus dure ma letanie:
Et toutesfois plus brief langage y ha:
Car à toy,Dame,en piteuse harmonie,
Ie cry' deuot sans cesser, Ayiœ.

Contre ceux qui font faire les mariages par force.

O folles gens! qui par force conioindre
Voulez deux corps,& deux Ames ensemble,
Auant qu'Amour les vienne tous deux poingdre
Du traict doré qui les Amans assemble:
Si prononcer i'ose ce que m'en semble,
Ie vous diray vn mot dessus ce poinct:
C'est,que Dieu ceux ensemble ne ioint point,

Qui

Qui de se ioindre ensemble, n'ont courage:
Mais quand Amour l'vn & l'autre cœur poingt,
C'est le parfait moyen de mariage.

Conference d'Amour & de sa Sainte.

Ie pense Amour que ma Sainte est ta sœur.
Tu es petit, & basse est sa stature:
Tu es Amour plein d'vne aigre douceur,
Elle ha en soy vne clemence dure:
Tu as des traictz qui font grieue blessure,
Son œil luy sert de flesche forte & roide:
Mais en vn poinct differez de Nature,
Tu es trop chauld, & ma Sainte est trop froide.

De la vertu de sa Sainte.

Pour recreer vn petit ses esprits,
Amour osta le voile de ses yeux:
Et vers Lisere, ou par luy ie fuz pris,
La Sainte il vid, que i'adore & sers mieux:
Ha malheureux (dist il) qui en ces lieux
Ay tant esté, sans voir si digne chose!
Au mont Olympe entre nous autres Dieux,
Vne vertu tant Sainte n'est enclose.

De l'immortalité de son Ame & de son Amour.   Sonet.

De noz Gaulois la bonne antiquité,

Mesmes

Mesmes au temps d'Idolatrie immunde,
Prestoit d'argent payable en l'autre monde:
Tant se fioit en l'immortalité.
Et moy,qui ay congnu la verité,
Si en semblable espoir ie ne me fonde:
D'estre ietté en l'abisme profonde,
Des bas enfers,ay ie pas merité?
Ie croy qu'il fault que du corps mon ame ysse,
Pour deuant toy Seigneur Dieu apparoistre,
Et qu'apres mort de vie ie iouisse.
Mais,pour es Cieux ma ioye faire croistre,
Ie te suppli,Eternel,que ie puisse
Entre tes Saints,ma Sainte recongnoistre.

A sa Sainte.   Sonet.

D'autant que plus à toy me suis voué,
D'autant que i'ay pour toy plus prins de peine,
Plus de rigueur as tousiours esté pleine,
Plus pour amy tu m'as desaduoué.
D'autant que plus Amour me tient noué,
Plus en ton cœur de iour en iour croist hayne:
Lon peult donq bien dire (ô trop inhumaine)
Moy Coresus,& toy Callirrhoé.
Encor celuy en offrant pour sa Dame
Au Dieu,duquel tu as le nom,son ame,
Eut apres mort reciproque amitié:

Et

Et ie te sens en mon endroit tant dure:
Que, si cent fois pour toy la mort i'endure,
Ia ne seras pource esmue à pitié.

A Monsieur de Saingelais.

Poëte ayant en tout diuine grace,
Tu as tes vers veuz & reueuz assez:
Fay les sortir.quant aux neuf ans d'Horace,
Long temps y ha qu'ilz sont desia passez:
Quand tes beaux vers,qui sont bien compassez,
Aux yeux sauans tu feras apparoistre,
Lon ne verra plus tant de rithmeurs croistre,
Qui sans raison escriuent quasi tous:
Et verra on,que tout ce qu'on dit estre
Venu de toy,ne sent pas ton traict doux.

A M.Sceue.

Du beau Phebus la clarté admirable,
Nous rend ça bas alaigres & ioyeux,
Quand la beauté de sa face amiable,
Ouuertement se descouure à noz yeux:
Mais lors qu'il est seulement veu es Cieux,
A nous caché par les obscures nues,
Nous est il pas d'autant moins gracieux,
Que ses vertus nous sont plus incongnues?

A M.

A M. Charles Fonteine, contre vn enuieux.

Les neuf Muses ont leur eau viue
Mieux recongnue en ta fonteine,
Que Pallas ne void son Oliue
Pacifique, en l'audace vaine,
Qui ta louenge trescertaine
Veult abbaisser: ô enuieux,
Louenge est tant de toy lointaine,
Que tu es ieune entre les vieux.

A M. Denys Sauuage.

Ton nom par tout desia luisant
Ie mets en ce petit ouurage:
Mais ie doute, qu'en ce faisant,
Il te soit estrange, Sauuage,
Que i'escriue à vn personnage
N'y ayant acces ny demy:
Si ay. que fault il d'auantage?
Tu es amy de mon amy.

A M. Iean de Veure.

Dedens Paris ma Muse t'ha fait voir
Ses vers Latins, souuent plus froids que glace,
Que toutesfois tu daignois receuoir
Benignement auec ioyeuse face:
Or reçoy donq ceux cy de mesme race
En nostre langue: & sois seur, que si Dieu

b

Telle

Telle qu'à toy m'auoit donné la grace,
Ie t'en donrois en Grec & en Hebrieu.

A M. Antoine du Moulin Masconnois.

Dieu gard Moulin non pas à vent,
Mais Moulin que l'eau poëtique
D'Helicon, fait mouldre souuent
Au proufit de la Republique.
Ta farine est si viuifique
Que les Muses en font leur pain.
Bon Moulin, sans telle pratique
Les bons esprits mourroient de faim.

A M. Charles Garnier.

Ie pense que n'as vn grenier
Comme vn vsurier plein de greines:
Ie scay qu'as vn esprit, Garnier,
Bien garni de lettres humaines;
Aussi les cheuances mondaines
Durent ça bas tant seulement:
Et ces richesses souueraines
Demeurent eternellement.

De trois cousines nees en vn an:

A madamoiselle Emonde Faisant, leur grand mere.

Lon doit marquer de la plus blanche pierre

L'heureuse annee, entre toutes annees,
Quand de tes trois filles dessus la terre
Trois femmes sont, par l'heur des Destinees,
(Femmes non pas, mais bien Deesses)nees,
Iane ie dy, Marguerite, & Denyse.
Grace, en ces trois, biens & vertu ie prise.
O leur grand mere heureuse! quel soulas
Que de ta race icy ton œil auise
Venus, Iuno, & la sage Pallas?

A madamoiselle Iane de Salles, pour vne fleur de pensee receue d'elle.

Pensif ie suis desia de ma nature
Melancolique, aussi à ma naissance
Entre les corps qui sont au ciel, Mercure
Fut le seigneur ayant plus de puissance:
Et toutesfois, Venus sans inconstance,
Vous me donnez encor vne pensee,
Qui l'autre mienne ha plus fort auancee:
Car, confessant verité entre nous
(N'en soyez point, ie vous pry, offensee)
I'en auois ia prins vne autre de vous.

A madamoiselle Marguerite Carles: à son depart.

De tes vertuz la grand' perfection,
Qui enrichit ta beauté incroyable,

Ton doux parler, ta douce affection,
Bref, tout en toy vertueux & louable,
Sus moy auoit le pouuoir admirable
De me donner ioye & contentement:
Perds ie ce bien par ton eslongnement,
Ce bien duquel ma vie estoit aydee?
Non par Hercule, au moins entierement:
Car mon esprit en retient vne idee.

A Dame Denyse L'hoste.

Mon ame en moy congnoissant grande faulte
Pour trouuer mieux, de mon corps se distrait,
Et va chercher l'idee sainte & haulte
De ton esprit par la vertu abstrait:
Lors elle void en toy vn diuin traict,
Et en iugeant, dit qu'il est necessaire
(Pour de vertu auoir le vray pourtraict)
Comme tu es viuement te pourtraire.

A Iane Bourguignonne, cousine de l'Auteur par alliance.

Ce tien cousin, cousine, si tu veux,
Ce Bourguignon, si tu veux Bourguignonne,
La grand beauté de tes dorez cheueux
Fera en bref que sa Muse resonne.
Ha qu'ay ie dit, trop hardie personne!

Ie parl

Ie parleray de chose tant diuine?
A la chanter ainsi qu'elle en est digne,
Ne suffiroit Pindare, ny Horace:
Plus difficile encor seroit, cousine,
D'escrire bien ta bonté & ta grace.

A sa Sainte.

Si ie t'auois par ton nom decelee,
T'en pourroit on blasmer? ie dy que non:
Mais quand mes vers Sainte t'ont appellee,
Ilz ne pouuoient mieux declarer ton nom.

Plainte de la iambe rompue de Flora, petite chienne de madamoiselle de Pasquiers, madamoiselle Iane de Salles.

Muses, pleurez auecques moy
Le soucy, le soing, & l'esmoy,
La fascherie, & deuil de celle
Tant gracieuse damoiselle,
Qui sus vostre mont ha repeu,
Et en vostre fonteine ha beu.
Pleurez donq la tristesse sienne,
Pour le mal de sa belle chienne.
Chienne, mais veu l'entendement
Qu'elle ha, voluntiers autrement
La dirois. aussi sa maistresse
Seconde à nulle autre en sagesse,

b 3

Qui

Qui en elle grand amour ha
Luy donna le nom de Flora.
Flora la deeſſe des fleurs,
Appaiſe les regretz & pleurs
De Venus la deeſſe belle:
Semblablement madamoiſelle
Parfaite Venus de ce temps,
Sentoit ſes eſprits plus contents
Voyant Flora ſa Chienne tendre.

Diſant Venus ie veuil entendre
Venus de grace & de beauté,
Non Venus de desloyauté:
Ie veuil entendre vne Venus,
Qui ne prend ſes plaiſirs menus
Qu'en paſſetemps beau & honneſte,
Comme eſtoit ſa petite beſte.

Muſes ne pleurerez vous point,
La douleur qui tant pique & poingt
Le cœur de celle qui vous ayme?
Pour l'amour d'elle & de moymeſme
Ie vous pry que vous la pleuriez:
Et ſuis ſeur que vous le feriez
Quand ſauriez les conditions
Et les bonnes complexions
De la Chienne quaſi perie,
Qui à mon auis fut nourrie

Sus voſtre ſaint mont de Parnaſſe:
Car par meſure elle compaſſe
Sans faillir, & ſans ſe tromper
Son cheminer, & ſon iapper.

Son iapper ha vn ſi doux ſon,
Qu'on le prendroit bien pour chanſon:
Auſſi c'eſt, à ma fantaſie,
Quelque canine poëſie.

Et quand elle eſt ſaine & deliure,
Si, pour madamoiſelle ſuyure,
Ses petis piedz veult auancer,
Vous diriez qu'elle veult danſer:
Ie dy danſer, & vous aſſure,
Qu'elle tient à mon gré meſure,
Reigle, mouuement, & compas:
Mais ie ne m'en esbahi pas,
Car voyant aux danſes aller,
Et ſi heureuſement baller
Sa maiſtreſſe, qui aux accords
Des ſons fait obeïr ſon corps,
Elle ha peu apprendre la ſorte.

O clair Apollon, reconforte
Celle qui de ton ayde eſt digne
Par ton noble art de medecine.
Fay donq par ta diuine adreſſe,
Que ce petit pied ſe redreſſe,

b 4   A fin

A fin que d'ores en auant
Flora suyue comme deuant
Sa Venus,qui ne peult choisir
Autre part qu'en elle plaisir.

    Sache,Phebus,Dieu d'excellence,
Que tu auras en recompense
Vn doux baiser,tant gracieux,
Que combien que tu sois es cieux,
Le Dieu plus beau & mieux paré,
Si seras tu bien honoré,
Que ta leure diuine touche
De Venus l'excellente bouche.

    Venus ie la dis sans mesconte,
Venus qui ta Daphné surmonte,
Que iadis Nature seit belle,
Mais amour contre toy rebelle.

A vne damoiselle.

Vous m'auez dit madamoiselle
Des fois ie ne scay pas combien,
Que ma façon n'est pas fort belle,
Que du tout ie ne danse rien.
Ie respons,qu'il y ha vn bien
(Ne vous desplaise)à faire ainsi:
Car si ie ne danse pas bien,
Ie ne danse pas mal aussi.

De

De son Conseil par alliance.

Iaſoit, Amour, que le plus malheureux
Ie ſois de ceux que iamais tu bleſſas,
Veu que mon cœur chaſtement amoureux
En lieu à moy trop eſtrange adreſſas:
Sans reconfort encor ne me laiſſas,
En me donnant conseil ſi bon & ſage,
Qu'en mon plus grand danger ie prens courage,
L'oyant parler auec ſi grand' raiſon:
Ce ſeul conſeil, Amour, par ſon langage
Fait eſiouir mon cœur en ta priſon.

Pourquoy il cele ſon amour.
Sonet.

La grande amour qui fait mon cœur bruler,
Et à ma Sainte en fais le ſacrifice,
Eſt toute bonne, & ne tend point à vice,
Mais toutesfois il la me fault celer:
   Car ſi ie veuil la dire & reueler,
Le meſdiſant, faiſant ſon propre office,
La comparer voudra à ſa malice,
Et l'oſera folle amour appeller.
   Plus blaſmee eſt vertu que vice au monde,
Le vice eſt plus loué que la vertu,
Tant des humains le faux iugement erre:
   O temps? ô meurs? ô ſiecle trop immonde:
Iuſques à quand, bon Dieu, ſouffriras tu

Demeurer telle abusion sus terre?

A sa Sainte.   Sonet.

Le beau Phebus donnant clarté aux iours
  Qui enuironne en courant bien grand erre
  Trois cieux, le feu, l'air, la mer & la terre,
  En finissant recommence son cours:
Ixion fait sus sa roue maints tours,
  Se suit, se fuit, à soymesme fait guerre:
  Et Sisyphe est tousiours apres sa pierre
  Selon l'arrest des infernales cours.
Ceux grande peine ont eternellement,
  Qui n'est iamais par le temps auancee,
  Et n'ont repos vne heure seulement:
Ainsi est il, Sainte, de ma pensee,
  Qui de toy est continuellement,
  Iamais finie, & tousiours commencee.

A elle mesme.

Ie ne veuil point destourner l'amour grande
Qu'as autre part, Sainte, pour ton deuoir:
Et de iouir du bien, ie ne demande
Que par la loy vn autre doit auoir:
Mais ie voudrois bien tant heureux me voir
D'auoir ta grace en mon endroit diuine:
Car ce grand Dieu qui fait les cieux mouuoir,

A l'ad

A t'adorer par les aſtres m'incline.

Sonet enigmatique.

I'ay veu tirer des veines de la terre
   Vne nouuelle & incognue eſpece
   Pleine de craſſe,& d'une ordure eſpoiſſe,
   Dure,& ſolide en façon d'une pierre.
I'ay veu Vulcan,qui celle eſpeſſe ſerre,
   Et la tranſmue en autre forme expreſſe:
   Tant que ſoudain s'eſt faite vne deeſſe
   Qui ſe vantoit de pouuoir tout conquerre.
Elle ha la marque & couleur de Phebus,
   Elle commet tous les iours maint abus,
   Crime ny ha qu'entreprendre elle n'oſe.
Elle ha au doz le ſigne de la croix,
   Pour ce adorer ſe fait en maints endroits,
   Et appeller Royne de toute choſe.

De ſon amour à ſa Sainte.
Sonet.

T'ayme ie point,ma Sainte à ceſt vſage
   Pour t'eſpouſer vn iour loyalement?
   Non,il y ha vn fort empeſchement
   Par le lien eſtroit de mariage.
T'ayme ie point de quelque amour volage
   Pour en iouir par ſol appointement?
   Certes nenny,i'ayme trop chaſtement,

Tu es außi trop vertueuse & sage.

Qui ha donq fait telle amour en moy naistre
Que de toy sois deuot adorateur,
Sans esperer estre de ta chair maistre?

Ie croy que Dieu tout puissant createur
M'ha en ces iours mis au monde, pour estre
De tes vertuz le grand admirateur.

A elle mesme.

Voudrois tu mieux apperceuoir ma flamme?
Pourrois ie mieux ta glace apperceuoir
Qu'en deux bouquets, dont en mesme temps, dame,
Tu retins l'un, l'autre me feis auoir?
Le tien on ha dedens ton sein peu voir
Trois iours entiers durer pour ta froideur:
Le mien n'ha eu trois heures ce pouuoir,
Estant soudain seiché par mon ardeur.

A monsieur de Coras son precepteur & pere d'erudition.

I'estois par fieure en vn lict detenu,
Quand vous disiez, tresexcellent docteur,
Que si mon iour dernier estoit venu,
La mort plaindriez de moy vostre auditeur:
Soyez certain que pour auoir cest heur,
I'euz de mourir ce iour là grand' enuie:

Car

Car i'esperois,de vous,mon precepteur,
Plus en ma mort,que de moy en ma vie.

A M.Seuerin Bourrel,chanoyne en l'eglise de S.Bernard de Romans.

Des enuieux,du temps,des ignorans,
Nous nous pouuons plaindre amy,à ceste heure:
Les enuieux vont tousiours murmurans
Contre celuy qui en vertu labeure.
La charité en ce temps ne demeure,
Maints ignorans sont maistres glorieux:
Qui est celuy qui le malheur ne pleure
Des ignorans,du temps,des enuieux?

A M.Iaques de Bermeres son frere par alliance.

En tous estats abus regne,mon frere,
Et le void on tant soit il bien caché:
Mais celuy la qui autruy vitupere
Est souuent plus que tous autres taché:
Parquoy tu es(non sans cause) faché,
De voir vn sot qui par gloire ou enuie
Veult de chacun reprendre le peché:
Que ne prend il plus tost garde à sa vie?

Au

Au sire Iean Chabert de Rommans.

Quand l'amitié parfaite entre deux hommes,
Par faux rapport, deffaire se pourroit:
Helas, amy en ce temps ou nous sommes,
Vieille amitié iamais on ne verroit.
L'amy, lequel auiourd'hui s'acquerroit,
Demain seroit pour ennemy tenu.
Ores le temps malheureux est venu,
Que lon mesdit sans espargner personne.
En fin le bien sera tousiours congnu,
Car c'est la fin qui baille la coronne.

Pourquoy il escrit d'amour.

Ie ne cherchois d'aucune amour escrire
Lors que d'amour ie n'auois congnoissance:
Or en parler chastement ie desire,
Puis qu'amour chaste en moy ha prins naissance:
Pourquoy du temps qu'en toy, illustre France,
L'un haultement resonne sa Delie,
L'autre ha par vers son Oliue anoblie,
Et l'autre fait en ses Erreurs complainte:
L'esprit deuot qui saintement s'allie
Adore icy deuotement sa Sainte.

De sa Sainte.

Quand de ma Sainte vne fois suis absent,

La souuenance en mon cœur imprimee
De sa vertu par moy tant estimee
Me fait ietter des souspirs plus de cent.

Quand mon esprit presente estre la sent,
Il veult que l'œil sus celle Sainte aymee
Iette du tout sa veüe accoustumee:
L'œil, qui void là son plus beau, y consent.

Mais quand ie suis si pres que ie la touche,
Amour cruel me vient fermer la bouche,
Rendant mes sens & mes esprits transis.

Tacitement, au Dieu tout equitable
Ie fais priere, à celle la semblable
Que iadis feit la nymphe Salmacis.

De son temps, & de son affection.

Paul tiers du nom Euesque des Rommains,
Qui lieutenant de Dieu fut dit en terre,
Laisse ça bas la chaire de saint Pierre,
Laquelle il ha tenue des ans maints.

De tous costez i'apperçois les humains
Appareillez, à leur grand malheur querre,
Pour en nouuelle & admirable guerre
Baigner au sang de leur sang, bras & mains.

Et ce pendant mon ame ha en tout lieu,
Par viue foy, esperance en son Dieu,
Et à luy fait sa priere, & complainte.

Souuentefois, dedens son sacré temple
Elle l'adore, & saintement contemple,
En la vertu qu'il donne à vne Sainte.

Contre Amour.

Amour souffla contre moy tellement
Qu'il m'eschauffa d'une ardente chaleur,
Chaleur qui fait estre immortellement
Dedens mon cœur vne extreme douleur:
Soudain apres il alla, souz couleur
De m'aggreer, souffler contre ma dame,
Et feit geler de grand' froideur son ame,
Voila pourquoy de moy il ne luy chault.
O faux Amour, est ce à tort qu'on te blasme,
Puis que de toy sort le froid & le chauld?

De son amour.

La grande amour qui fait dedens mon ame
Si viuement dure compunction,
Est ce point vne eclase qui me pasme,
Et me rauit en contemplation?
Est ce fureur? est ce vne attraction
Par les secretz de l'occulte Magie?
Quoy que ce soit, c'est vne affection
Plus vehemente & forte qu'energie.

De

De Laurent.

Appellez Laurent furieux,
Appellez le beste mauuaise,
Appellez le sot glorieux,
Onques ne fut homme tant aise:
N'ayez ia peur qu'on luy desplaise
Eu luy disant qu'il ne vault rien,
Il respondra ie l'entends bien,
Et n'en sera point irrité.
Laurent est vn homme de bien,
Il entend bien la verité.

Enigme.

Tu le verras(c'est chose seure)
Blanc,rouge,noir,gris,en vne heure.

A vn Rimeur.

Tu me monstras en ta maison
Beaucoup de rimes sans raison:
Desquelles ie feis peu d'estime,
Pour te monstrer raison sans rime.

A vn certain personnage.

Tu as le bien dont tu n'as congnoissance:
Ie le congnois sans l'auoir, & admire.
Sans grand desir tu as la iouissance

c　　　　De

De ce pourquoy sans espoir i'ay martire:
Et toutesfois Amour me fait escrire
De ton grand bien dont mon grand mal redonde,
Pour me monstrer des malheureux le pire,
En te disant le plus heureux du monde.

A sa Sainte.

Ie pensois bien eschauffer ta froideur
Dame qui tiens tant mon ame en esmoy:
Ou pour le moins refroidir mon ardeur,
En le faisant vn peu toucher à moy:
Mais ce pendant le froid s'augmente en toy:
En moy le chauld de mon ardente flamme.
O quel miracle est cecy que ie voy!
Mon feu te gele, & ta glace m'enflamme.

De la puissance de son Amour.

Toutes les fois qu'au trauail de l'estude,
Me reposant tout endormi ie veille:
Et que de loing sa voix doucement rude,
Ou le tintin des clefz qu'elle appareille,
Transmet vn air sonnant à mon oreille,
Tant me rauit sa recordation,
Que mon esprit de l'estude s'esueille,
Pour s'endormir en contemplation.

A sa Sainte.   Sonet.

En iugement,en sauoir & sagesse,
  Tu ne dois rien à la Deesse armee.
  La chasteté en soy si bien fermee,
  Te fait egale à la grand chasseresse.
Mais tu retiens du corps ceste allegresse,
  En danse,trop vn peu par toy aymee,
  De la Deesse en Cypre reclamee,
  De telz plaisirs vains & legers maistresse.
Cent & cent fois ie mesdi de la danse:
  Cause souuent (Dame ne t'en desplaise)
  Que de toy faux oultre mon gré ie pense.
Mais le celeste amour tousiours m'appaise,
  En m'asseurant que la peult ta presence
  Santifier,tant soit elle mauuaise.

De la perseuerance de son Amour.
Sonet.

Ce grand Amour qui au beau de ma dame,
  De mon esprit les yeux va conduisant,
  Est vn Soleil,chauld,clair & reluisant
  C'est proprement le Soleil de mon ame,
Ce beau Soleil de sa tresclaire flamme,
  Me fait tout voir mon vniuers plaisant:
  Mais de son feu cruellement nuisant,
  Trop ardemment il me brule & enflamme.

Car en son ciel il est monté si hault,
  Que ie me sens desia fondre au plus chauld
  De l'enragee & ardent' Canicule.
Et toutesfois à fin que ie languisse,
  De plus en plus sans faire aucun solstice,
  Tousiours il monte & iamais ne recule.

De sa Sainte.   Sonet.

Vn iour ma Sainte au temple saint oroit,
  Au ciel montoit le bruit de son silence,
  Comme vn Soleil reluisoit sa presence,
  Et tout le lieu de son ombre doroit.
L'image en crois de cil qu'elle adoroit,
  Signes monstroit de grand' beniuolence.
  Saintes & Saints luy faisoient reuerence,
  Et tout le temple honoré l'honoroit.
Ce que i'en dy n'est pas nouuelle sceue
  Par rapport d'autre, & n'en suis inuenteur:
  Car de mes yeux i'ay la chose apperceue.
Que si ie suis oultre mon gré menteur,
  Et que ma veüe en cela soit deceue,
  Tu es, Amour, vn terrible enchanteur.

De son Amour.   Sonet.

Amour du ciel en terre descendit
  Ou l'obiect saint, à mes yeux adressa,

Duquel

Duquel l'image au sens commun passa,
Qui du penser fantastic la rendit.
Par le penser l'intellect entendit
Ce parfait beau qu'autre onq ne surpassa:
En la memoire adonques l'enchassa,
Et de sortir de là luy deffendit.
Deesse donq qui romps par ta puissance
En moy l'effort du temps, & de laquelle
Neuf sœurs que i'ay seruy ont prins naissance:
Fay les chanter auecques moy de celle,
Dont i'ay par toy tousiours la souuenance,
Si qu'elle soit par noz chants immortelle.

Du nom de sa Sainte.

D'autant que plus ie veux tenir secret
Ce nom tant saint, tant digne & venerable:
Plus en mon cœur croist le mortel regret,
Qui seroit doux s'il estoit reuelable.
Pasteur Damon en ton chant lamentable,
Ie parangonne à ton deuil ma misere:
Et ferois plainte à la tienne semblable,
Si dire osois le nom de ta bergere.

Des cheueux de Iane Bourguignonne sa cousine par alliance.

A Zephyre.

Vent qui n'as point chaleur trop lente,

Ny froidure trop violente,
Mais qui suis à la primeuere
Phebus de lumiere le Pere:
O Vent mollet, vent froidelet,
Qui d'une blanche comme lait
Les cheueux longs & crespelus,
Reluisans comme l'or, & plus,
Esuentes & çà & là meines,
Quand par le monde te promeines
Tout ioyeux auec ton doux cry,
Vois tu point, dy moy, ie te pry,
En quelque lieu vn plus benin,
Et meilleur maintien feminin,
Ou vne plus douce personne
Que ma cousine Bourguignonne?
Dy moy ie te pry encor Vent,
Si quand tu tournes tant souuent
Autour de celle cheuelure,
De la grandeur du corps mesure,
Et que tu vois ainsi nouez
Ces cheueux qui iamais louez
Ne seront ainsi que merite,
De leurs beautez la plus petite.
Tu ne crains que ta legere aile
Atteingnant au chef de la belle,
S'empestre aux excellens cheueux,

Garde

Garde t'en bien, si tu ne veux
Y demeurer: car ie t'asseure,
Que ce n'est vne cheuelure:
Ce sont petis rethz & filetz,
Que mesme Venus ha filez
Et tyssus à telle façon.
Et ce petit meschant garson
Amour, en cautelles heureux,
Y prend les poures amoureux,
Et tient leur ame emprisonnee,
Ny plus ny moins que l'araignee
Ses petites toillettes tend,
Et les sottes mouches y prend:
Ainsi cest enfant deceuable,
Ha prins maint amant miserable.
Si donques là prins tu demeures,
Danger y ha que tu n'y meures.
Mais helas mon Dieu voirement,
Que tu y mourrois doucement.

A sa Sainte.   Sonet.

Si de ceux là qui me font plus grand tort
   Ie me puis plaindre & bien & iustement:
   Sainte, au iourd'huï ie me plains grandement
   De toy, de moy, du Ciel, & de la Mort.
De toy qui n'as pitié d'un amy mort,
   De moy qui veux aymer trop hardiment:

c 4   Dŭ

Du Ciel qui est cause de mon tourment,
Et de la Mort qui tout mort ne me mord.
Mais veuille Dieu qu'elle me soit tant douce,
Qu'en Paradis en brief tous deux nous pousse,
Ou nous puissions ensemble demeurer.
Alors le Ciel par sa haulte puissance,
Me donnera parfaite iouissance,
De ce qu'en terre il me fait esperer.

D'une naissance celebrable
en tous les siecles.
Sonet.

Quatorze iours Mars deuant tes Calendes
Du ciel treshault en la terre profonde
Fut enuoyé le miracle du monde,
Que d'adorer, Amour, tu me commandes.
L'an que le ciel monstrant ces vertus grandes
Pour honorer celle ame sainte & munde
Transmit la Paix en la machine ronde,
Et feit à Mars cruel rompre ses bandes.
Princes & Roys par longs discors troublez,
Cest an heureux à Cambray assemblez
Feirent paisible & tranquille la terre.
Las pourquoy donq est ce Sainte que vous
Auez esté cause de paix à tous,
Et à moy seul d'une eternelle guerre?

De

De son amour troublee &
puis tranquille.

Sonet.

Sus celle mer i'estois ou print naissance
  Celle qui donne aux amoureux tourment:
  En vne nef souz le gouuernement
  Du Dieu vainqueur des Dieux en son enfance.
Les Austres fiers souffloient à grand' puissance,
  Et esleuoient les flots horriblement:
  La nef hurtoit aux rochers, tellement
  Que de salut ie n'auois esperance.
Mais ie inuoquay deuotement ma Sainte,
  Qui naistre feit en oyant ma complainte,
  Deux astres clairs par ses douces œillades.
Ces feu diuins les rudes vens chasserent,
  Et de passer sans danger m'asseurerent,
  Scylle, Charybde, & les deux Symplegades.

Il se compare à Petrarque, &
sa Sainte à Laure.

Sonet.

Le Florentin Poëte au grand renom
  Abandonna la plaisante Italie,
  Et feit chanter haultement sa Thalie,
  Pour la beauté de Laure en Auignon.

          Suyu

Suyuant Amour mon païs Bourguignon,
Heureux à tous, sinon à moy, i'oublie:
Et à ma Sainte en Rommans ie m'allie,
Subiet qui doit eterniser mon nom.
Morte de Laure est la beauté louable,
Mais la vertu de ma Sainte admirable
Viura tousiours en despit de la Parque.
De vous feray Muses donq iuste plainte,
Si comme Laure estoit moins que ma Sainte
Ne me rendez vn iour plus que Petrarque.

　　　De la chasteté de sa Sainte, qui
　　　　　le fait escrire.

Quand mon desir triompha de ma peur,
Et que la langue en propos amiable,
A ma Daphné, ou au moins sa semblable,
Monstra le feu long temps caché au cœur.
Elle voulant estaindre ceste ardeur
Par vn nenny (refus inexorable)
Me prononça tellement miserable,
Que toutesfois ie n'euz onq si grand heur.
Car (ô terrible en nous metamorphose)
Quand la cruelle à fuir se dispose,
Courant Diane à son sacré autel.
N'estant plus moy, d'Apollon ie prens l'estre,
Et ie la voy, comme vn verd laurier croistre,
Ornant mon chef à ceste heure immortel.

Du moyen de son amour.

Ie n'estois pas encores tant heureux,
  Lors que faisant dedens toy residence,
  Ie t'honorois ô ingrate Valence,
  Que de sentir ce martire amoureux.
Maints conspiroient (ô les meschans) entre eux,
  Contre les saints qui blasmoient leur offence:
  Et Montlimart sentoit la violence
  De ce vieil Dieu du centre tenebreux.
Alors me feit le toutpuissant Seigneur,
  Qui m'ha fait naistre à sa gloire & honneur
  Changer de lieu pour chanter ses louenges.
Et puis voulut tant me Deïfier,
  Que de me faire à ma Sainte allier,
  Esmerueillable esprit entre les Anges.

Chant de son amour.

Qui eust pensé Muses, ou coniecté
  Que du plus saint de vostre chasteté
    A la chair tant contraire,
  En vous suyuant me fussent aduenuz
  Les durs effectz, de l'enfant de Venus
    Qui scet les cœurs attraire?

Las quand Venus menasser vous vouloit,
  Vous respondiez, que son filz ne valloit

Pres de voſtre aſſemblee.
Ie le congnois autrement, puis qu'eſtant
Auecques vous, ma poure ame en eſt tant
Tourmentee & troublee.

Ie iureray par les Dieux immortelz
Aux temples ſaints, ſus leurs ſacrez autelz
Deſquelz le nom ie porte,
Que ie n'auois (ô faux petit garſon)
En mon viuant ta cruelle façon
Congnue en nulle ſorte.

Quand, pour Phebus & les neuf Sœurs hanter,
En Helycon ie me prins à chanter
Choſe à toy bien eſtrange:
Choſe ſi digne, & tant ſaintement haulte,
Que nul eſprit n'y pourroit trouuer faulte,
Quand il deuroit eſtre Ange.

Ie penſe moy que tu te vins renger
A mon eſprit, expres pour te venger
De ma Muſe ſeuere:
Qui en ces chants t'alloit touſiours blaſmant,
Et l'homme fol qui follement aymant
En tes faits perſeuere.

C'

C'eſt grand' folie à moy d'ainſi penſer:
   Tu n'as peu faire en mon cœur commencer
    Amour tellement ſainte,
   Que tant plus eſt mon cœur d'Amour battu,
   Plus ie congnois mon ame de vertu,
    Et de chaſteté ceinte.

Auſſi m'eſt il auis, que de la belle
   Ie n'ayme rien que ce qui eſt en elle,
    C'eſt ſa vertu louable.
   Hé que dis tu ma Muſe ? parle bien:
   Car elle n'ha dehors, ny dedens rien
    Qui ne ſoit bien aymable.

Le tien grand ſens ô deeſſe Pallas
   Entierement (ſi tant exquis tu l'as)
    Eſt en ſon ame nette:
   Venus auſſi, en ſon corps chaſte & ſaint,
   Luy ha donné la grace, auec le teint
    De ſa couleur brunette.

Ie voy ſon corps de mes corporelz yeux
   Tant à mon gré, que voir ie ne puis mieux:
    Mais mon ame amoureuſe
   L'eternel beau de la bonne ame void,
   Et, ſi conioindre à elle ſe pouuoit,

S'eſtim

S'estimeroit heureuse.

Tu n'as donq fait, Cupido, par ta flesche
Aucunement en mon chaste cœur bresche,
Car tu es impudique:
Et au rebours, ie voy qu'il m'en aduient:
Car encor plus mon cœur chaste deuient
Quand cest Amour me pique.

Tant s'en fault il, dame, que ie fois lasche
Iusques à là, qu'en t'adorant ie tasche
A ta vertu tort faire:
Que si bien pres m'approchant de bonheur,
Tu t'eslongnois vn peu de ton honneur:
Tu ne me pourrois plaire.

Ie t'ayme ainsi, & te veux aduertir
Qu'ame ne peult ceste Amour diuertir:
Qui voudra s'en courrouce.
De n'aymer tant i'ay bien eu voulenté,
Mais mon vouloir ha esté surmonté,
Car c'est Dieu qui me pousse.

I'ay veu le temps (me semble) que constant
I'auois le cœur en tout affaire, autant
Qu'autre qu'on sauroit dire:

Mais

Mais maintenant ton admirable aymant
Mon cœur d'acier en fermeté aymant
    Par sa force à soy tire.

Si que ie n'ay ny moyen, ny pouuoir,
    De declarer pourquoy ie puis auoir
      Vne amour tant extreme,
    Que chastement elle me va brulant
    Tant que ce feu doucement violent
      Me met hors de moymesme:

Car ta vertu fait ma vertu faillir:
    Et ton esprit fait mon esprit saillir
      Hors mon corps, sa demeure:
    Pour, me laissant, deuers toy se retraire,
    N'est il pas lors besoing & necessaire
      Que promptement ie meure?

Ie meurs vrayment: & apres celle mort
    Si le penser d'autre cas me remord,
      Soudain ie resuscite.
    Mais, retournant en mesme affection,
    Ma vie apres sa resurrection
      Est bien courte & petite.

Car en la mort i'ay prins si grand plaisir,

Que

Que quand ie ſuis en vie,i’ay deſir
　　Qu’encores mort ie tombe.
　　Lors mort,& plus que mort,me vois coucher,
　　Et mon eſprit te ſuit,qui de ma chair
　　Fait ſa foſſe & ſa tombe.

Veux tu ſauoir donq à quelle raiſon
　　En chacun lieu & chacune ſaiſon,
　　De mourir i’ay enuie?
　　Pource qu’ainſi receuant mort en moy,
　　I’ay (Sainte) eſpoir de retrouuer en toy
　　Double & heureuſe vie.

Combien qu’auant que la puiſſe trouuer,
　　Mille tourments il me faille eſprouuer
　　En vn terrible doute:
　　Et mon eſpoir meſlé auec ma crainte,
　　D’aigre douceur de ioye en douleur teinte
　　Me remplit l’ame toute.

Veu donq ces morts que viuement i’endure,
　　Veu ceſte peine agreablement dure,
　　Dont mon ame eſt pourueue:
　　Veu mon regret,mon ſoucy,& mon ſoin,
　　Il m’euſt eſté (ô parfaite) beſoing
　　Que ie ne t’euſſe onq veüe.

Las qu'áy ie dit? & ie n'euſſe pas veu
  Ce bien parfait qu'onques ie n'euſſe creu
  Pouuoir eſtre en ce monde.
  Ie n'euſſe veu celle grande beauté,
  Ny apperceu l'excellente bonté
  Sus quoy plus ie me fonde.

Il eſt bien vray auſſi, que tant de fois
  N'euſſe receu la mort: mais toutesfois
  La mort m'eſt agreable:
  Laquelle apres les durs tourmens ſuſdits
  Loge mon Ame en ce bas Paradis
  Au celeſte ſemblable.

En mon amour n'eſt l'Enfer des maudits,
  Ains vn tresbeau & plaiſant Paradis
  Plein de ioye & de gloire.
  Là i'ay plaiſir qui tous plaiſirs excede,
  Mais en l'eſmoy, qui le plaiſir precede,
  Ie trouue vn Purgatoire.

Vn purgatoire ou mon ame eſt purgee
  De ſes erreurs, ains qu'elle ſoit logee
  En ſi hault domicile.
  Puis ayant là receu purgation,
  Va demeurer par contemplation

d

En

En Paradis tranquille.

Lisere, helàs, qui mes esprits tuez
As à leurs mors ouy plaindre, ou tu es
De courir coustumiere:
Ne le dy pas à ton mary le Rosne:
Car i'aurois peur qu'il le dist à la Sone
Son espouse premiere.

Et par ses eaux, qui vont doux & sans noises,
Elle feroit aux Nymphes Chalonnoises
Sauoir ceste besongne;
Voire rendroit mes amis esbahis,
En nostre illustre & tresnoble païs
La duché de Bourgongne.

Mais quel besoing est il de le celer?
Tu as congé Lisere d'en parler,
Cela point ne m'estonne
I'ayme ardem'ment (le sache qui voudra)
Qui est celuy, qui l'amour reprendra
Tant chaste, sainte, & bonne?

Dy hardiment, que la haulte puissance
Des corps du ciel me feit à ma naissance
Obliger par contrainte,

D'aym

D'aymer, seruir, voire d'adorer celle
Dame d'honneur, que iustement i'appelle
Du monde la plus sainte.

Que voulez vous donques plus persister
A dire, amis, qu'il me fault resister
Au ciel lequel m'incline?
Estimez vous nostre pouuoir humain
Estre assez fort, pour repousser la main
Toutpuissante & diuine?

Voyez comment les enfans de la terre
Les vieux Geans, pour au Ciel faire guerre,
A la fin se treuuerent:
Quand les haults monts auecques grande peine
(Qui toutesfois fut inutile & vaine)
L'un sus l'autre assemblerent.

C'est vn arrest donques des haults cieux, tel
Que mon esprit demeurant immortel,
Comme au vray il demeure:
L'amour qui est nee en luy tellement,
Aura en luy vie immortellement
Sans qu'onques elle meure.

Vous qui prenez en mon Ode plaisir,

                    Auez

Auez vous point quelque enuie & desir
    De sauoir qui est celle,
    Pour qui cent fois le iour ie vay mourant?
    Et pourquoy donq ma Muse,en l'adorant
    Son tresluisant nom cele?

Ie la voudrois bien nommer en mes chants,
    Mais ie crains trop l'audace des meschans,
    Qui mon amour celeste,
    Que bon esprit ne peult vituperer,
    A leur folie oseroient comparer
    Et abus manifeste.

Contentez vous donques mes bons amis,
    Pour ceste fois,des signes que i'ay mis
    De ce gent personnage.
    Contentez vous de mes secretz ouuers
    Iusques icy,car par moy ny mes vers
    N'en saurez d'auantage.

Car la vertu,qu'en elle ie voy estre,
    Aux vertueux d'elle mesme congnoistre
    Se fera d'auantage.

Pour

Pour vn May planté deuant le logis de
Monsieur M. Iean de Maſſo Pro-
thonotaire du ſaint Siege apoſtoli-
que, Recteur de l'Vniuerſité de
Valence.　1 5 4 9.

Sonet.

Mata, qui fut la mere de Mercure,
　Donna le nom plaiſant & gracieux,
　Au gentil moys de May, ſolacieux,
　Semé de fleurs & veſtu de verdure.
Mercure incline aux lettres la Nature
　Par le pouuoir qu'il en ha es haults cieux,
　Ou Ambaſſade il eſt des autres dieux
　Et ordonné ſus la literature.
En ce moys donq, qui ſemble eſtre ſon frere,
　Les eſcoliers, deſquelz il eſt le pere
　Demeinent ioyes ô Recteur docte & ſage:
Et à raiſon du moys t'ont preſenté,
　De meſme nom, vn arbre icy planté
　Qui de leurs cœurs porte vray teſmoignage.

Du pourtraict de Iuſtice.

Iuſtice ayant les yeux bandez, nous donne
Bien à entendre à vn ſigne certain,
Qu'acception elle n'ha de perſonne

d　3　　　Tant

Tant d'un ſubiet, que d'un Prince haultain:
L'eſpee elle ha nue en la dextre main,
Pour reprimer trop grand faulte commiſe:
Et pour peſer les raiſons mieux de miſe
En la ſeneſtre vne balance tient:
Et ha eſcrite au cœur ceſte deuiſe,
Ie donne à tous ce qui leur appartient.

Du meſme pourtraict, à M. Iean Iaquar ſon amy.

Les yeux bandez de noz Iuſtices peintes,
Monſtrent aſſez que nous ne pouuons voir
Les loix, combien qu'elles ſoient dites ſaintes,
Ny nous reigler par leur diuin ſauoir:
Mais nous faiſons toutesfois bien deuoir
D'auoir l'eſpee au poing de la main dextre.
Scez tu pourquoy cher amy? c'eſt pour eſtre
Craint des petis, & ſimples païſans:
Vn trebuſchet en l'autre, pour congnoiſtre
Si les eſcuts qu'on baille ſont peſans.

A Thulon le rimailleur.

Tu dis que tu entends le poinct
De rhetorique (ô lunatique)
Dy, ie te prie, & ne ments point,
Scez tu que c'eſt que Bethorique?

De

De luy mesme.

Lon dit qu'un boiteux contrefait
Reprend ma rithme en quelque endroit,
Ie ne blasmerois point le faict
Quand en tel cas il s'entendroit:
Mais il n'y congnoist tort ny droit:
Et si elle luy est fascheuse,
Ce n'est que pource qu'il voudroit,
Qu'elle fut comme luy boiteuse.

Au Sagon & enuieux.

Vn enuieux qui Sagon s'appelloit,
Fol, ignorant, malin, ambitieux,
Le grand Marot des François assailloit
Par sots escrits & vers iniurieux:
Mais Marot fut de luy victorieux,
En ne tenant conte de son iargon:
Quiconques sois, comme luy, enuieux,
Tu auras nom d'orenauant Sagon.

A l'honneste Amant.

L'honnesteté gist en parole honneste,
L'honnesteté gist en honestes faits:
Respond moy donq (ô honorable beste)
De ces deux poincts lequel c'est que tu fais.

d 4   Dizain

Dizain fait par l'Auteur pour vn sien amy second Acteon,

De Diane.

D I A N E *fut iadis vne Deesse*
C *hassant aux Cerfz par les bois ombrageux:*
H *elas, Diane en plus grande rudesse*
A *uiourdhui prend ses passetemps & ieux:*
M *ais elle ha plus de poincts auantageux,*
B *eauté elle ha plus que l'autre admirable,*
A *uec sa grace en toute chose aymable,*
R *egard mettant au feu le cœur de maints:*
D *iane aux Cerfz faisoit chasse agreable:*
E *t ceste cy prend le cœur des humains.*

Estreine d'une fleur de soucy enuoyee à l'Autheur par Monsieur de Gammache.

1 5 5 0.

Amy puis qu'il fault estrener
Les amis, ce nouuel an cy,
Ie ne saurois que peu donner:
Car qui peu ha peu peult aussi.
Ie t'estrene, de ce qu'icy
Nuict & iour grieuement me poingt:
C'est la moitié de mon soucy,
Ie ne scay si tu n'en as point.

Resp

Responce par l'Autheur.

I'ay eu pour estreine vne fueille,
Amy feal, de ton soucy:
Ne pense pas que ie m'en veuille
Acquiter, pour vn grand mercy:
Car ie t'estreneray aussi,
(L'estreine est preste & agencee)
Quand tu me viendras voir icy,
De la veüe de ma pensee.

Des pleurs de sa Sainte.

Vne importune & soudaine douleur
Vint aborder la plus sainte des saintes,
On vid muer sa vermeille couleur,
Et de ses yeux sortir larmes non feintes:
I'estois present, & n'osant faire pleintes
Contraint estois tout transi demeurer:
  Lors elle feit (croy ie) pour m'asseurer
Meilleure chere, essuyant son œil tendre:
Mais si elle eust voulu encor pleurer,
Mon triste cœur s'alloit en deux parts fendre.

De son Amour.   Sonet.

Or mon ame est tresheureusement seure,
  En mon mal sont tresgrands biens aduenuz:
  Dieu veult qu'ainsi soient mes esprits tenuz,
                    d 5   Que

Que saintement ma Deesse ie serue.
Ta saincteté? ô Diane,elle obserue:
　　Tes chastes faits ha tousiours maintenuz:
　　Corps ha d'Amour,la couleur de Venus:
　　Le cœur,l'esprit,& les yeux de Minerue.
Ne sois,Diane,au chaste Amour contraire,
　　Rend moy,Pallas,sage & sauant,pour plaire
　　A celle tant vertueuse & sainte ame.
Fay luy sentir ma douleur tresamere
　　Enfant,& toy,ma grand chaleur,ô mere,
　　Que i'ay receu du traict & de la flamme.

Sonet de sa Sainte.

Brulant au feu de l'amoureux tison
　　Ie l'adorois & luy faisois offrande
　　D'un chaste cœur,sans luy faire demande
　　Qui contreuinst à droit ny à raison.
En mesme lieu,& en mesme saison
　　Vn autre estoit sans deuotion grande;
　　Et toutesfois (comme Amour les yeux bande)
　　Elle escoutoit mieux sa feinte oraison.
Amour en moy vehemente & robuste
　　En la sentant cruellement iniuste
　　Feit par courroux mon ame despiter:
Et fut mon ire allumee contrainte,
　　De blasphemer cent fois,contre la Sainte
　　Portant le nom du filz de Iupiter.

De

De son amour.

I'ayme ma Sainte en tout bien & honneur,
Et ne pretends rien, sinon qu'elle m'ayme:
Ie ne veuil point auoir d'autre bonheur
Pour satisfaire à mon amour extreme:
Mais si vn autre est aymé d'elle mesme,
Et peult au bien que ie n'espere atteindre,
Vien t'en, ô Mort, soudain ma vie esteindre,
Car de regret ie languiray aussi:
Ie crains cela, & ce qui me fait craindre,
Est que souuent Amour se ioue ainsi.

A sa Sainte. vers Alexandrins.

Au temps present Amour en deux sortes se prend,
En l'une Dieu l'ordonne, en l'autre il le reprend:
Pource vous aduertir ma Sainte ie veux bien,
De quelle amour s'enfláme enuers vous le cœur mien.
Celle grande vertu, qu'en vous ie voy reluire,
La seule occasion ha esté, de m'induire
A vous parfaitement aymer, d'une amour forte,
Amour, dont, si ie puis, ie vay dire la sorte.
Mon corps n'est amoureux de vostre chair, Madame,
C'est mon esprit qui est amoureux de vostre ame:
Il est vray que l'esprit, par naturelz accords
En tout fait estre à soy obeissant le corps:

Mais

Mais l'esprit ne voulant qu'à la vertu entendre,
Fait que le corps ne puisse autre chose pretendre.
S'il vous plaist donq, au corps l'esprit commandera
Qui sa vie pour vous cent fois hazardera,
Et quand, pour vous, par mort seroit ma vie esteinte,
O qu'heureux ie serois de mourir pour ma Sainte!
Laquelle i'attendrois es haults cieux, pour ainsi
L'adorer saintement comme ie fais icy.

De son desir.

Ie ne veuil pas qu'elle soit en esmoy
Tel que celuy ou mon ame est douteuse:
Ie ne veuil pas qu'elle soit comme moy
En feu ardent, & flamme impetueuse:
Car, las, assez seroit ma vie heureuse,
Et me seroit doux, Amour, ton traict roide,
Si en froideur elle estoit amoureuse
Ny plus ny moins qu'en amour elle est froide.

De ce nom Sainte.

Sonet.

Au nom de Sainte vne Dame ie cele,
Dont nul ne peult prendre admiration,
En congnoissant la grand' perfection
De saincteté qui la rend immortelle.
Merueille n'est aussi si ie m'appelle

Humb

Humble, deuot par grande affection,
En congnoissant la grand' deuotion
Que les haults cieux me font auoir en elle.
Dieu eternel, en elle ie t'adore
Qui fais reluire en elle ces biens telz :
Ie te contemple en ce qui la decore.
Et pour monstrer qu'auec les immortelz
Et saints esprits, en sainte ie l'honore,
Ie luy dedie & sacre des autelz .

FIN DV REPOS EN
TRAVAIL.

DIALOGVE
MORAL.

L'ARGVMENT.

Qui ha fait en l'Asie cesser la religion Chrestienne?   Qui ha fait naistre tant d'Heretiques?   Les pechez des hommes.   Qui la fera retourner ? qui illuminera les Infideles?   Dieu.   Comment.   Par sa verité.   Ou est elle?   En l'Eglise.

Les personnages sont:

Vouloir Diuin.
Ignorance.
Le Temps.
Verité.

Vouloir Diuin commence sonner.

Ie suis l'Autheur de ce grand vniuers
Vouloir diuin, qui feis par ma parole
Ce qu'est des l'un iusques à l'autre pole,
Voire les cieux aux saints esprits ouuers.
Les elements du ciel voulté couuerts,
Le feu & l'air, la terre, & la mer molle,
Le clair Soleil, qui au monde console
Par sa clarté les bons & les peruers.

I'ay

I'ay creé l'homme à ma diuine image:
    Ie luy ay fait tenir hault le vifage
    Pour aduifer le Ciel ou ie demeure.
Mais quand il veult fes yeux ficher en terre,
    Laiffant le bien treshault pour le bas querre,
    En danger eft que fon ame ne meure.

Ignorance feule.

Qui veult auoir la congnoiffance
De la mienne condition,
Et de mon nom, dame Ignorance
Ie fuis, pleine d'ambition.
Ce n'eft que belle fiction
Si ie regarde l'efcriture:
Car ie fents mon affection,
Contraire à la verité pure.

    Quand fuis entre gens d'apparence,
I'vfe de fimulation,
Pour faire entendre à l'affiftance
Que i'ay bonne deuotion.
Puis à faire detraction
Du bruit des fauants ie procure,
Eftant par inclination
Contraire à la verité pure.

    Tout mon courage eft en cheuance
Et en groffe poffeffion,

En

En authorité & puiſſance,
Et en bonne refection,
Sans point faire operation
De Iuſtice ny de droiture,
Aymant bien predication
Contraire à la verité pure.

    Ie dy pour reſolution,
Que ie ſuis de telle nature,
Que i'entreprens toute action
Contraire à la verité pure.

    Ie vais, ie viens, ie tourne, ie prens cure
De paruenir par tout & par iniure
A quelque eſtat de groſſe dignité,
De grand renom, de groſſe authorité,
Pour de chacun me faire ça bas craindre,
Et aſprement tous mes ennemis peindre
Qui contre moy entreprendre ont oſé.

    Vouloir diuin.
Mettre à fin veuil ce que i'ay proposé,
Puis que ie vois le monde miſerable
Directement contre moy oppoſé,
Prenant plaiſir à ſon peché damnable.
Puis que clarté ne luy eſt agreable
Ie luy feray les tenebres auoir,
Puis qu'il ne veult Verité à ſa table,
Sus luy aura Ignorance pouuoir.

Ie

Ie luy feray le temps m̄ lheureux voir,
Qu'il retiendra en honneur Ignorance,
Qui luy fera mettre tout bon ſauoir,
Lettres, vertu & art en oubliance.
Mon bras robuſte, & ma ſainte puiſſance
Le punira par temps ſi rigoreux,
Qu'il ne pourra auoir la congnoiſſance
Des biens promis à mes esluz heureux.

  Humains chetifs, ha poures malheureux,
Vous me laiſſez. Pourquoy me laiſſez vous?
Oubliez vous les tourments doloreux
Que pour vous eut Chriſt voſtre Sauueur doux?
Vous m'auez fait entrer en mon courroux:
Puis qu'ainſi eſt, ma main vous ſera grieue.
Vous ſerez pis que brebis entre loups,
Ce temps s'approche, & la ſaiſon eſt brieue.
Sus que debout donques ce Temps ſe lieue,
Que ſes ingrats il frappe amerement
Sans qu'Ignorance en hault ſiege ſe tienne,
Pour à tous maux donner le fondement.
Par moy le mal n'ha ſon commencement,
Ains vient de l'homme ou tout peché abonde.
Par l'homme vint peché premierement,
Et par peché la mort entra au monde.

  Le Temps.
Ie ſuis le Temps qui conduis toutes choſes

e   Deſſouz

Deſſouz la Lune en ſon concaue encloſes.
Le temps de naiſtre, & le temps de mourir:
Temps de bleſſer, & le temps de guerir:
Temps de baſtir, & le temps de deſtruire:
Temps de pleurer, temps de gaudir & rire:
Temps de triſteſſe, & le temps de danſer:
Temps de deſpendre, & le temps d'amaſſer:
Temps de concorde, & temps de noiſe aperte:
Le temps de gain, & puis le temps de perte:
Temps pour garder ce dont lon ha affaire:
Temps puis apres propice à s'en deffaire:
Temps de repos, & puis le temps d'aller:
Le temps de taire, & le temps de parler:
Temps d'amitié parfaite, temps de haine:
Temps de la guerre, & temps de paix ſereine.
Ie ſuis le temps variable, inconſtant,
Allant plus viſte, ou pour le moins, autant
Que Boreas, tout à moy ſe conforme.
Or maintenant il fault ſelon la forme
De hault vouloir diuin que tout ie change.

Ignorance.

A mon aduis i'entens quelcun eſtrange
Icy au pres: mais voyci comme il court,
Bon ſoir.

Le Temps.

Bon ſoir.

Ignorance.

Vous venez de la Court,
Crois ie monsieur.

Le Temps.

Ouy certes madame.

Ignorance.

Que dit on là de nouueau?

Le Temps.

Sus mon ame
Ie n'en scay rien, fors qu'on dit que le temps
Qui n'y est plus, rend plusieurs mal contens.
Venus y est d'Amour la souuereine,
Et le petit Cupido s'y pourmeine
Auec ses traits, desquelz chacun il frappe.
Si grand n'y ha qu'à la fin il n'attrappe.
Enuie y est, qui tient bien sa partie.
Ambition n'en est encor partie.
Maints n'y sont plus de deuil presque enragez,
Pource que i'ay les grans estats changez.
Autres y sont qui ont à leur desir
Condition.

Ignorance.

Si c'est vostre plaisir
Monsieur, donnez vostre nom à entendre.

e 2　　　Le

Le Temps.

Mon nom se fait, Dame, bien loing estendre.
Mon nom par tout resonne en son parfait,
Tant il est hault, mais encor plus l'effect.
Si i'ay nom plein de grauité supreme,
C'est bien raison: car i'ay pouuoir de mesme.
Ie suis le Temps, qui fay auoir bon heur
A qui me plait: ie suis le Temps, donneur
D'authorité, & de ce que desire
Le cœur humain.

Ignorance.

Ie me rends à vous Sire,
Assez congnois que pouuez à mon gré
M'esleuer hault & mettre en tel degré
De dignité que ie quiers par cautelle.

Le Temps.

Mais vostre nom.

Ignorance.

Ignorance on m'appelle.

Le temps.

Et Ignorance à quoy pretendez vous?

Ignorance.

De rencontrer le temps qui me soit doux,
Plaisant, propice, & qu'il soit incité

De

De mettre bas Science & Verité,
Comme ie fay par tout ou ie demeure.

Le Temps.

Et d'ou est donq la venue à ceste heure?

Ignorance.

Sauoir vous fault, que long temps en mes mains
Le plus grand nombre i'ay tenu des humains:
Mesme depuis le iour qu'au premier homme
Satan mon pere eut fait manger la pomme,
Iusques au iour que ça bas de lassus
Fut enuoyé le filz de Dieu Iesus.
Par mon moyen au temps du bon Noé,
Dieu fut quasi de tous desauoué:
Dequoy alors se monstra aigre Iuge,
Quand il le feit perir par le deluge.
Par mon moyen & grande illusion,
Des langues fut faite confusion,
Quand les enfans d'Adam vouloient construire
La grande tour, pour leur nom faire bruire.
Par mon moyen Sodome la cité,
Destruite fut pour sa lubricité.
Par mon moyen le peuple Israëlite
Fut longuement tourmenté en Egypte.
Par mon moyen les Iuifs eurent vn veau
En reuerence, & comme vn Dieu nouueau.

Parquoy tant fut de Dieu l'ire embrasee
Qu'elle ne fut qu'à grand peine appaisee.
Par mon moyen le diable est maintenu,
Et Dieu tout bon à l'homme est incongnu.
Au temps passé ie suyuois les Etniques,
Et les sauans Philosophes antiques
Ilz me tenoient, & les folz glorieux
Ne pensent pas que ie fusse auec eux,
Excepté vn qui disoit qu'Ignorance
Faisoit tousiours auec luy demeurance.
Et ce disant, ainsi comme il me semble,
Il disoit vray, & mentoit tout ensemble.
Verité lors en Iudee habitoit,
Qui d'y entrer pas ne me permettoit:
Mais puis apres des Gentilz fut congnue,
Et en leur terre & païs bien venue.
Lors me conuint abandonner maints lieux
D'ou Verité auoit chassé mes Dieux.
Verité eut disciples les Gentilz.
Les Iuifs aussi furent mis apprentis.
Mais Verité ha vne grande eglise
Ne scay comment despuis ce temps acquise.
Ma sinagogue est desia quasi nue,
Et tous les iours plus en plus diminue:
Voila pourquoy ie cherche les moyens,
De mettre en bruit & en credit les miens.

A quoy

A quoy ie sçay que vostre grand puissance
M'ayderoit bien.

Le Temps.

Certes dame Ignorance,
Pouuoir n'aurois de vous faire valoir,
Si ce n'estoit de Dieu le saint vouloir,
Qui veult punir la grande ingratitude
Du peuple trop mescongnoissant & rude.
Mescongnoissant ie dy, qui n'apperçoit
Les biens tant grands que de Dieu il reçoit:
Ou bien encor qu'il les voye apparoistre,
Ne fait semblant aucun de les congnoistre.
Mais puis qu'ainsi il entend demeurer,
Dieu me permet de vous obtemperer,
Et vous complaire en ce que voudrez dire.
Que voulez vous?

Ignorance.

A la Verité nuire.
Voila le poinct c'est ce que ie demande.
Ha que plusieurs se mettront de ma bande
Si vous voulez m'y donner ayde, ô Temps.

Le Temps.

Dame Ignorance, escoutez ie pretends
En tout endroit vous estre debonnaire.

 Approch

Approchez vous, montez en ceste chaire
D'authorité, faites vous obeïr.
Ores deuez voftre efprit refiouir.

Ignorance.

Mon cœur efiouir
Ie veux, & iouir
De ioye & lieffe.

Le Temps.

Pas ne vous faudray
Ains vous maintiendray,
Que lon ne vous bleffe.

Ignorance.

Ie feray rudeffe,
Et cruelle oppreffe
A mes ennemis.

Le Temps.

Faites ceux deftruire,
Qui s'oferont dire
De vertu amis.

Ignorance.

Porceaux endormis,
Et vieux afnes mis
Seront en ma grace.

Le

Le Temps.

Telz sont qu'il les fault
Pour vous leuer hault,
Et mettre en audace.

Ignorance.

Et deuant ma face
Auoir veuil fallace
Pour masque plaisant.

Le Temps.

Cil de tromperie,
Et de flaterie,
Vous seroit duisant.

Ignorance.

Or en deuisant
De mon fait nuisant,
Ne veux qu'on mesdise.

Le Temps.

Punir aigrement,
Et amerement
Fault qui ne vous prise.

Ignorance.

Que lon temporise,
Que suyure on aduise
Mes subtilz ergoz.

Le Temps.

Tousiours vous suyuront,
Et par vous viuront
Les barbares Gots.

Ignorance.

Les vieux Ostrogots,
Et folz Matagots
Seront en vsage.

Le Temps.

Prendre les deuez :
Car d'eux vous auez
Rentes & hommage.

Ignorance.

Ie veux au visage
De triste courage
Porter le semblant.

Le Temps.

Mener bonne chere,
Sans faire priere,
Ieuneur ressemblant.

Ignorance.

Le peuple tremblant,
Du glaiue sanglant
Sentira la pointe.

Le

Le Temps.

C'est le seul moyen,
De retenir bien
Ses subietz en crainte.

Ignorance.

De faire complainte,
Sera bien contrainte,
En brief Verité.

Le Temps.

Elle sera moindre,
Et verra estraindre
Foy & charité.

Ignorance.

Faulse habilité,
Toute iniquité
Ie luy mettray contre.

Le Temps.

Vertu & son train,
Ne fera nul gaing
En nostre rencontre.

Ignorance.

Si Verité monstre
Noz faits, & remonstre
Qu'ilz sont vicieux.

Le

Le Temps.

Qui ne me veult suiure,
Pas ne pourra viure,
Et vinst il des cieux.

Ignorance.

Si trop odieux,
Et mal gracieux
Le monde vous treuue.

Le Temps.

Rien il n'oseroit,
Encor qu'il auroit
De ce bonne preuue.

Ignorance.

Qui donques appreuue
Ceste chose neuue
Pas ie ne l'entens.

Le Temps.

Pource que de faire
Il est necessaire
Comme veult le temps.

Ignorance.

Par vous ie pretens
Rendre bien contens
Ceux là que ie meine.

Le Temps.

Ilz seront poulsez,
Et les plus haulsez
En gloire mondaine.

Ignorance.

Temps mon amy il fault que mettions peine
Ceste sepmeine à composer noz loix,
Pour compenser noz suppots à main pleine,
Et donner peine à ceux là qui par haine
De nostre regne empescheront les droits,
En maints endroits, voulans noz desarrois
Monstrer aux Roys & Princes de la terre,
Liberal est celuy qui veult conquerre.

Le Temps.

Noz loix seront que, quiconques sera
Qui osera contre nous entreprendre,
Quelque faux crime on luy imposera:
Malheur aura, de malle mort mourra:
On le fera decapiter ou pendre.
Mais qui se prendre à nostre loy defendre,
Et condescendre à nostre vœu voudroit,
Tel en son tort seroit dit auoir droit.

Verité.

Combien que selon l'Euangile,

On

On ne doit verité cacher,
Ains deuant tous en sens agile
Sans crainte d'aucun la prescher:
Chacun toutesfois me lascher
Est contraint pour la redoutance,
Du temps au monde & en la chair
Tout confondu par Ignorance.

Verité suis l'unique fille
Du hault Dieu mon pere trescher,
Duquel ie fay l'ame subtile,
Ayant viue foy, approcher.
Mais le Temps n'ha fait que tascher
D'abbatre ma sainte puissance,
Lequel est pour mieux m'empescher
Tout confondu par Ignorance.

Iustice orpheline & pupille,
Tu te dois ores bien fascher,
Puis que ma bouche est inutile
Et n'oseroit vn mot toucher
Contre le Temps qui arracher
Veult de toy foy & congnoissance,
Ne craingnant contre Dieu pecher,
Tout confondu par Ignorance.

Si vous voulez bien esplucher
Du temps que regne l'inconstance,
Vous trouuerez à bien chercher

Tout

Tout confondu par Ignorance.

   Si fault il prendre en Dieu fiance,
Et penser que sa grand bonté
Ne mettra l'homme en oubliance,
Combien qu'il se soit mesconté,
Et soit par peché surmonté
Par l'instinct de l'abuseur diable,
Qui est en son regne monté
Deuant mes yeux abominable.

   Ie luy veux estre secourable
Pour si ie puis le Temps changer,
Et par ma parole amiable,
En plus droit chemin le renger,
Et l'oster de ce grand danger
Qui pend autrement sus son ame.
I'y vois donques, pour desloger
Si ie puis ceste fole dame.
C'est tresmal fait dame Ignorance.

       Elle va vers
       Ignorance
       & dit:

Le Temps.

Ostez vous d'icy Verité,

Ignorance.

Laissez la ceste remonstrance.

Verité.

C'est tresmal fait dame Ignorance.

                 Le

Le Temps.

Ie vous suppli faites silence
Que ie ne sois plus irrité.

Verité.

C'est tresmal fait dame Ignorance.

Ignorance.

Ostez vous d'icy Verité.

Verité.

O seigneur Dieu quelle equité!
Durera prou ce temps icy?

Le Temps.

Verité ostez vous d'icy,
De voz propos point ie ne veux.

Verité.

O que le Temps est dangereux
Puis qu'Ignorance en est maistresse!
Ignorance,ô faulse diablesse
Que tu faits de maux euidents.

Ignorance.

Ie suis en despit de tes dents
En mon regne,qu'en veux tu dire?

Verité.

Tu n'y aurois aucun empire
S'ainsi Dieu ne l'auoit voulu,

Leq

Lequel veult son troupeau eslu
Visiter par dures fortunes.

Le Temps.

Si encor tu nous importunes,
Tu trouueras vn mauuais iour.

Ignorance.

Ne fais plus icy de seiour,
Pour ton bien,ie le te conseille.

Verité.

Terrible temps ie m'esmerueille,
Que tu as si fermez les yeux,
De ne voir les tours odieux,
Que te fait la faulse Ignorance.
Depuis que tu fais demeurance
Auec elle,ce mortel monde
En tout vice & peche abonde.
La raison est,qu'elle corrompt,
Ou elle change,ou elle rompt
Les saintes loix desia escrites.
Elle ne fait pour telz merites
D'vn chacun iuste recompense:
Iamais les bons ne recompense,
Mais plustot ayde les peruers.
Brief,elle fait tout à l'enuers,
Et à droit ne peult faire bien.

Ignorance.

O Temps me tiens tu ainſi bien
La promeſſe que tu m'as faite?
Endures tu que ceſte infecte
Me face deuant toy iniure?

Le Temps.

Poßible n'eſt que plus l'endure,
Trop nous vient aſſaillir de pres.
Ie penſe auſsi que cy apres
Tant ſouuent on ne la verra,
Car tout à ceſte heure elle ira
En l'autre monde par deſpit.
Sans luy donner autre reſpit,
Ie luy vois abbatre la teſte.

Ignorance.

Ie vous en fais humble requeſte,
Temps mon amy deſpechez vous.

Verité.

Euiter me fault ce courroux,
Autre part me conuient tirer.

Le Temps.

Ie vous feray bien retirer
De par le diable belle dame.

Ie luy

Ie luy euſſe fait partir l'Ame
Hors du corps s'elle euſt arreſté.

Ignorance.

Elle ha auſſi trop caqueté.

Verité à genoux.

Dieu tout puiſſant,ô mon pere celeſte,
Qui le ſecret des cœurs as manifeſte,
Ie te ſuppli entends mon oraiſon,
Et prens eſgard à la dure ſaiſon,
Qui en tout lieu terreſtre ça bas regne.
Seigneur Seigneur ne permets point le Regne
Par ſi long temps d'Ignorance durer.
Aſſez ha faict aux hommes endurer:
Non pas aſſez pour leur iniquité,
Mais bien aſſez pour ta grande bonté.
Souuienne toy pere,que les humains,
Sont le parfait ouurage de tes mains.
Souuienne toy que ta diuinité
Print alliance auec l'humanité.
Depuis le temps que m'euz à bas tranſmiſe
Lon m'ha touſiours preſché en ton egliſe.
L'Europe m'ha touſiours entretenue:
Mais en Aſie ignorance eſt venue,
Entre les Turcs maudits ſe maintenir.
Tu ne pourrois certes ô Dieu punir

Ton peuple,mieux que par ceste maniere,
De le priuer de ta sainte lumiere,
Iusques icy si elle ha eu vigueur
Cesse vn petit maintenant ta rigueur:
Ne permets point intelligence sainte
Estre à iamais par ignorance estainte
Du monde,helàs,est horrible l'offence.
Mais,ô Seigneur,encores ta clemence
Est bien plus grande : approche toy ô Dieu,
Approche toy,viens en luy prendre lieu:
Car cependant qu'Ignorance y sera,
Le tien esprit pas n'y demeurera.

Vouloir diuin.

De mon logis du hault ciel empiree
Mes yeux au fond de la terre rabaisse,
Et voy Nature humaine estre empiree,
Dez qu'Ignorance est du Temps la maistresse,
Qui tasche faire à Verité oppresse.
Mais la raison veult bien,que tellement
Les humains soient pugnis amerement,
Veu quilz ont fait que d'eux si grand mal isse.
I'ay toutesfois pitié de leur tourment:
Ma grand bonté surmonte leur malice.
Mineur Asie ou t'es tu retiree,
Qui t'ha donné si malheureuse adresse?

Faux

Faux Mahommet, c'est toy qui l'as tiree
A ton erreur & resuerie expresse.
Pseudoprophete, as tu prins hardiesse,
De peruertir mon saint commandement?
Ton ame aussi en reçoit damnement.
Et quant à ceux, qui viuent en ton vice,
Combien qu'ainsi les laisse longuement,
Ma grand bonté surmonte leur malice.

Iuifs obstinez, nation honoree,
Lors que ie fais à tes peres promesse
De t'enuoyer en la saison doree,
(Ce que i'ay fait) Christ qui les cœurs radresse,
La grand durté qui de tout temps te blesse,
Ne le voulut receuoir dignement:
Parquoy il fault que fort & aigrement,
Toy & les tiens en enfer ie punisse:
Mais si encor ilz font amendement,
Ma grand bonté surmonte leur malice.

Aucuns, Chrestiens se nomment feintement:
Car ilz le sont de nom tant seulement.
Brief entre mille vn ne fait son office.
Si donq leurs cœurs i'appelle à sauuement,
Ma grand bonté surmonte leur malice.

Le temps present fait regner iniustice,
Par ce temps est mal au monde aduenu:
Hommes entre eux n'ont ordre ny police:

f 3   Droit

Droit n'eſt par eux ouy ne maintenu:
Chacun tant taſche à ſon proufit menu,
Que ma parole eſt miſe en oubliance.
I'en ay de ceux petit nombre congnu,
Qui en mon Chriſt ont parfaite fiance.
I'ay entendu la ſainte doleance
De Verité ſe complaingnant du Temps,
Lequel du tout s'accorde à Ignorance,
·Dont mes agneaux reçoiuent maux patents.
Or maintenant ie commande & entens
Que le temps change incontinent, en ſorte
Que Verité & ſes gens ſoient contens,
Et Ignorance honteuſement en ſorte.

Ignorance.

Temps mon amy tenez main forte,
Voicy Verité retourner.

Verité.

Si fault il qu'Ignorance ſorte.

Ignorance.

Temps mon amy tenez main forte.

Le Temps.

Ie vous feray trouuer la porte
Venez vous icy m'eſtonner?

Ignor

Ignorance.

Temps mon amy tenez main forte,
Voicy Verité retourner.

Verité.

Il la te fault abandonner
Ignorance la faulse beste.

Ignorance.

Voicy trop noz tours blasonner.

Verité.

Il la te fault abandonner.

Le Temps.

Vous ne faites que sermonner,
Toutes deux me rompez la teste.

Verité.

Il la te fault abandonner
Ignorance la faulse beste.

Le Temps.

Ca Verité quelle requeste
Faites vous ? ie le veux sauoir,
Et vous promets s'elle est honneste,
Que i'y emploieray mon pouuoir.

Verité.

Ie dy que pour vostre deuoir,
Vous deuez chasser Ignorance,

Et en son lieu me receuoir,
Qui vous apporte congnoissance
Du Dieu vif,& de sa puissance,
De son saint vouloir immuable,
De son cher filz qui print naissance
De la Vierge tousiours louable:
Et de la parole admirable,
Laquelle en ce monde il parla
Quand à son grand bien désirable
Tous les peuples il appella.

Ignorance.

Est ce pas vn grand sens cela,
D'escouter ainsi sa parole?
Temps mon amy,enuoyez la,
Congnoissez vous pas qu'elle est folle.

Le Temps.

Le beau parler les gens n'affolle:
Voluntiers ie l'entens parler.
Quand sera au bout de son roole,
Ie la feray bien en aller.

Verité.

Ce liure ie vous veux bailler
O Temps par abbus peruerti,
Pour vn petit vous esueiller,

Et vous rendre à moy conuerti.
Lisez, & soyez aduerti
Par ceste parole diuine,
Que ceux n'ont pas le bon parti,
Ausquelz ignorance domine.

Le Temps.

Ca ce liure, que ie rumine
Pour voir si i'entendray le son
De vostre science & doctrine,
Dont me voulez faire leçon.

Le Temps & Verité font semblant
de lire au liure : Et dit,

Ignorance.

Ce n'est pas bon signe pour moy,
Puis que le Temps la veult entendre.
Ie me trouue en vn grand esmoy,
Et si ne scay quel conseil prendre.
Le meilleur est de ne l'attendre,
Et men aller secrettement:
Car autrement d'icy descendre
Me faudra plus honteusement.

Verité.

Dy moy à ceste heure comment
Tu te trouues de la lecture
De ce mien saint enseignement,
Et de ceste digne Escriture.

Le Temps.

Ie me congnois oultre mesure
Resioui de ces saints propos,
Et fort me desplait de l'iniure
Que i'ay faite à voz bons suppoz.
Ie seray desormais dispoz
A faire vn tout nouueau eschange.
Il fault, en vous donnant repoz,
Que d'Ignorance ie me venge.

Il se tourne deuers le lieu ou estoit
Ignorance. Puis tout
esbahi dit,

Voicy chose bien fort estrange!
Ignorance n'est plus icy.

Verité.

Aussi fault il que le temps change.

Le Temps.

Voicy chose bien fort estrange.

Verité.

Au Seigneur en soit la louenge.

Le Temps.

Montez en ceste chaire icy.

Verité.

Voicy chose bien fort estrange,
Ignorance n'est plus icy.
O Dieu qui l'as permis ainsi,

Ie te

Ie te remercie humblement,
Qu'il t'ha pleu de prendre en mercy
Ceux qui auoient plus longuement
Merité le cruel tourment,
Non pas de peine temporelle,
Mais à les punir rudement
En flambe d'enfer eternelle.

Le Temps.

Ie vous trouue plus bonne & belle
Qu'Ignorance cent mille fois.

Verité.

Si t'áy ie bien trouué rebelle
Contre mes propos toutesfois.

Le Temps.

Helàs Dame ie ne pensois
Que fußiez de valeur si haulte.

Verité.

Grand grace de Dieu tu reçois,
De pouuoir congnoistre ta faulte.
Tu vois maintenant les tours faux
Que t'ha ioué dame Ignorance.

Le Temps.

Ie congnois les faits desloyaux
Que i'ay fait par son accointance.

Verité.

Maintenant fault changer de chance.

Le

Le Temps.

Ie feray ce qu'il vous plaira,
Commandez à voſtre plaiſance,
Et le Temps vous obeira.

Verité.

Ie te veux donq de mes loix aduiſer:
Premierement tu feras baptiſer
Au nom du Pere, & de ſon cher filz Chriſt,
Et du benoit paraclet ſaint Eſprit,
En l'humide eau les petis enfans tiens,
Qui des ce temps ſeront nommez Chreſtiens.
Tu leur feras apprendre à mon eſcolle,
L'enſeignement de la Sainte parole.
Monſtrant qu'il fault ſeruir en chacun lieu,
Et adorer ſaintement vn ſeul Dieu.
Semblablement il fault que chacun aymé
Le ſien prochain, ainſi comme ſoymeſme:
Car ie qui ſuis nommee Verité,
Touſiours me tiens auecques Charité,
Qui eſt du Chriſt vne ordonnance grande,
Qui à tous ceux qui le ſuiuent commande,
De n'aymer point ſeulement leurs amis,
Ains leurs plus durs & cruelz ennemis.

Le Temps.

Ses ennemis, Verité, dites vous?

Verité

Verité.

Les ennemis il les fault aymer tous,
Et n'est permis à nul de les hair.

Le Temps.

Ie ne me puis assez de ce esbahir.

Verité.

Si fault il bien que ton cœur sur ce veille.

Le Temps.

Les ennemis! Iesus, voicy merueille.

Verité.

Croire le fault, Christ en ce poinct parla.

Le Temps.

Les ennemis!

Verité.

Il fault passer par la.

Le Temps.

Ie me veux donq ceste espee desceindre,
Puis que permis ne m'est d'Ame en atteindre:
Car s'il me fault mes ennemis aymer,
Il ne m'est pas conuenant de m'armer,
Ie la vois donq oster tout à ceste heure,
Qui la voudra si la preigne.

Verité.

Demeure.
Le Magistrat se doit d'armes munir,
Pour les delits & les crimes punir,
Et conseruer la compagnie humaine.

Mais

Mais cela eſt iuſtice & non pas haine:
Car autrement ie le dy derechef,
Tu ne dois point faire à autrui meſchef:
L'ordonnance eſt expreſſe & neceſſaire.

Le Temps.

Ceſte choſe eſt bien difficile à faire,
Mais toutesfois ie la feray preſcher.

Verité.

Qui de ſon Ame aura le ſalut cher,
Il le fera pour la mettre en repos.

Le Temps.

Or pourſuiuez voſtre premier propos.

Verité.

Preſcher feras, que croire on doit ſans feinte
Tout ce que croid la mere Egliſe ſainte.
Ne reietter aucun des ſacremens,
Tenir de Dieu les ſaints commandemens.
Que lon ne ſoit ſi fol que lon meſpriſe,
Rien de cela qu'ordonne ſainte Egliſe.
Et qu'en honneur Paſteurs on doit auoir,
Quand meſmement ilz font bien leur deuoir.
Brief qu'euiter il fault toute hereſie,
Erreur meſchant, & folle fantaſie:
Et viure ainſi que bons predeceſſeurs,
Les ſaints Martyrs & Apoſtres treſſeurs.

Le

Le Temps.

Ie feray ainſi,
Preſcher tout cecy
Par toute la terre:
A fin que le Monde
Soit fait pur & munde,
Et que plus il n'erre.

Verité.

Ce faiſant i'eſpere,
Que ſerez proſpere,
Par ma congnoiſſance:
Et que le bon Dieu,
Fera de tout lieu,
Chaſſer Ignorance.

Le Temps.

Les Iuifs & les Turcs,
Maudits & menteurs,
Vous pourront congnoiſtre:
Les faux heretiques,
Perdront leurs pratiques,
Pour auec vous eſtre.

Verité.

Cil qui me ſuiura,
Apres mort viura
Eternellement:
Des treſors des Cieux,

Saints & precieux
Aura payement.

Le Temps.

O peuples donq dont i'ay gouuernement,
Venez ouir ma celeste doctrine:
Dedens voz cœurs mettez l'enseignement
Qui est sorti de la bouche Diuine.
Ce que l'Eglise enseigne & determine,
Necessaire est que tout Chrestien le tienne:
Car si quelcun contre icelle s'obstine,
Possible n'est qu'à bon port il paruienne.

F I N.

AVTRE DIALOGVE MO-
*ral, ſus la Deuiſe de Monſieur le Reuerendiſſi-
me Cardinal de Tournon,* NON QVAE SVPER
TERRAM. *Ioué à Valence , deuant luy , le di-
menche de my Careſme,* 1549.

L'ARGVMENT.

L'homme en fin doit receuoir vie, ou mort eter
nelle. La vie eſt au ciel, la mort en enfer. l'Eſprit
conduiſant l'homme à ceſte vie celeſte, l'incite à l'a-
mour & crainte de ſon Dieu, & au deſir de paruenir à celle ioye en meſpriſant les biens terriens. La
chair au contraire le ſeduiſant, pour le faire abiſ-
mer en la mort & damnation, le chatouille par les
plaiſirs mondains, luy met au deuãt les richeſſes &
boubances, luy oſte l'eſpoir d'une autre vie. Brief,
le rend non ſeulement aliene & eſtranger, mais
auſſi ennemy de ſon Createur. Pour donq paruenir au Ciel, il fault ſuiure l'Eſprit, & (comme dit
ſaint Paul)crucifier la chair. Ce que nous ne pour-
rons pas faire ſans l'ayde de Dieu, que nous aurons
en le priant. Somme toute, il fault faire ſelon la deuiſe de Monſeigneur le Cardinal, NON QVAE
SVPER TERRAM. C'eſtadire , que nous ne
cherchions point les biens qui ſont ſus terre , ains
ceux du ciel : qui eſt le commandement de noſtre
Seigneur.

g Les

DIALOGVE

Les personnages.

Le Ciel,

L'Esprit.

La Terre.

La Chair.

L'Homme,

Le Ciel commence.

Deuant que Dieu fist la diuision
Des elements par sa diuine cure,
Au monde estoit vne confusion,
Dite Chaos, sans compas ny mesure.
A la chaleur combattoit la froidure,
L'humide au sec bailloit tousiours atteinte:
Encor n'estoit donné pour couuerture
Le Ciel ou Dieu fait sa demeure sainte.

Or pour donner à tout perfection,
Cest admirable ouurier d'architecture,
En faisant d'eux la separation,
Les assembla. toutesfois par iointure,
L'vn apres l'autre ensuyuant leur nature:
Puis il crea, pour les mettre en contrainte,
Son excellente & parfaite facture
Le Ciel, ou Dieu fait sa demeure sainte.

En dernier lieu fit la creation
De la plus belle & noble creature,

Qui

Qui souz le ciel face habitation:
Ce fut Adam, qui par sa forfaiture,
Receut pour soy malediction dure:
Dont sa lignee à tousiours sera teinte:
Mais le vray Christ par sa croix luy procure
Le Ciel, ou Dieu fait sa demeure sainte.

　　Hommes mortelz si vous auez foy pure,
Si vous auez de vostre Dieu la crainte:
Vostre salaire aurez, qui tousiours dure,
Le Ciel, ou Dieu fait sa demeure sainte.

　　O seigneur Dieu tout puissant createur,
Premier moteur de la machine ronde,
Merueilleuse est & grande la haulteur
De toy recteur : mais quoy ? la pesanteur,
Et lasche cœur du miserable monde,
Là ou abonde iniquité immonde
Pas ne se fonde en si honneste soing:
Tousiours le Porc vers la terre ha le groin.

L'Esprit.

Le ciel raconte, & annonce la gloire
Du Dieu viuant, à tous mortelz humains.
A quoy tient il qu'ilz ne veulent pas croire,
Voyans l'ouurage excellent de ses mains?

La Terre.

Ie produits tout ce qui est necessaire

Pour satisfaire à la vie du corps:
Sans moy Ceres ne pourroit vn poinct faire
De son affaire, & Bacchus ce Messaire
Pourroit bien braire, & s'en aller dehors:
Soyez records, humains, que leurs accords,
Et leurs discords ne viennent que de moy:
La terre donne, & oste tout esmoy.

La Chair à l'Homme.

Puis que tu vois la terre si plaisante,
Le temps meilleur qu'on ne pourroit choisir,
Arbres fleuriz, l'herbe ia verdoyante,
Brief, tout dispos à te donner plaisir:
Qu'attens tu homme? en quoy est ton desir?
Dont vient ce deuil qui te tourmente tant?

L'Homme.

L'Esprit, des biens du ciel m'admonnestant,
De tous plaisirs terriens me retire:
La Chair me va au contraire flattant,
Ie ne scay pas lequel ie doy eslire.

L'esprit.

Tresmal choisit celuy qui prend le pire,
Ayant moyen de prendre le meilleur.

La Chair.

Celuy qui fait contre ce qu'il desire
Tombe tousiours par sa faulte en malheur.

L'Hom

L'Homme.

Ie ne senti pieça telle douleur
En mon cerueau, que ie fay à ceste heure.
Mon amé en trouble, & en crainte demeure,
Sans se pouuoir de son mal deliurer:
La chair me vient vn dur assault liurer,
Auquel l'Esprit de resister s'efforce:
Mais beaucoup plus est petite sa force.
L'vn monte au Ciel qui bien leger se sent:
L'autre pesant en la terre descend.
Encores plus, entre ces fascheries
Ie me sens pris de mille resueries,
Que ie ne puys euiter seurement.
Entrer ne peult en mon entendement,
Pourquoy ie doy plustot l'Esprit ensuiure,
Veu qu'il me fait en peine & souci viure:
Et que ie fais violence à Nature,
Quand de la Chair ie veuil oster ma cure.
Ie voy les bons souffrir maints vituperes,
Et les malings en ce monde prosperes:
Ie voy (qui m'est grand scandale) en maint lieu
Estre en mespris la parole de Dieu.
Bref, quand ie voy le monde en ceste sorte,
Toute ma foy à peu pres s'en va morte,
Si que souuent ma fragile puissance
Oublie Dieu, & perd sa congnoissance:

                                         Lors

Lors comparé ie suis aux animaux,
Qui n'ont esgard ny aux biens, ny aux maux:
Car ainsi qu'eux ie ne me congnois pas.

La Chair.

Voicy venir l'heure de ton repas,
Homme veux tu de tristesse mourir?

L'Esprit.

Le pain n'est pas suffisant pour nourrir
Entierement, mais la sainte parole
De nostre Dieu, entretient & console
L'homme qui ha pure & nette la foy.

La Chair.

Tu veux mourir ainsi que i'apperçoy,
Laisses ce dueil, vien t'asseoir à la table.

L'Homme.

Qu'auráy ie donq?

La Chair.

Viande delectable:
Et vin friant pour te faire esiouir.

L'Esprit.

Celuy qui veult des biens du ciel iouir,
A gourmander ne met sa fantasie,
Ne à boire vin muscad, ny maluaisie.

L'hom

L'Homme.

Et en quoy donq?

L'Esprit.

En ieune & oraison.

La Chair.

Tenir se fault ioyeux toute saison,
Pour longuement viure dessus la terre:
Vser des biens qu'elle donne à foison,
Et s'efforcer tous les iours d'en acquerre.

L'Homme.

Puis que tous deux tachez à me conquerre
Vous prompt Esprit, & vous infirme Chair:
I'auray tantost mis fin à vostre guerre,
Si vous voulez voz raisons esplucher.

La Chair.

Ie dy que rien ne doit estre plus cher
A homme aucun que sa propre personne.

L'Esprit.

Ie dy qu'on doit sus tout cecy chercher
De faire bien ce que Dieu nous ordonne.

La Chair.

Ie dy que Dieu par sa volunte bonne
Fait les humains auecques leur chair naistre.

g 4   L'esp

L'Efprit.

Ie dy que Dieu la chair aux hommes donne,
Mais il entend que l'efprit en foit maiſtre.

La Chair.

Ie dy que Dieu donne ce lieu terreſtre
A tous humains, pour y paſſer leur vie.

L'Efprit.

Ie dy que Dieu fera ceux au ciel eſtre,
Qui de luy plaire & feruir ont enuie.

La Chair.

Ie dy que ceux ont leur ioye aſſouuie,
Qui ont les biens de terre plantureuſe.

L'Efprit.

Ie dy que l'Ame à fon fauueur rauie,
Eſt en repoz perpetuel heureuſe.

La Chair.

L'Efprit eſt rude.

L'Homme.

Et la Chair?

La Chair.

Amoureuſe.

L'Efprit.

La Chair deçoit.

L'Homme.

Et l'Efprit?

L'Efprit.

Bien confeille.

La

La Chair.
L'Esprit est triste.

L'Homme.
Et la Chair quoy?

La Chair.
Ioyeuse.

L'Esprit.
L'Esprit est prompt.

L'Homme.
La Chair?

L'Esprit.
Elle sommeille.

L'Homme.
Que dites vous, voicy merueille,
La question est bien douteuse.

L'Esprit.
Elle t'endort & ie t'esueille.

La Chair.
Il est fascheux, moy gracieuse.

L'Homme.
Venez ça donq Chair chatoilleuse,
Racontez moy tous voz moyens:
Car ma nature curieuse
Est desia prinse en voz liens.

La Chair.
Si tu quiers à estre des miens,
Laisse cest Esprit endormi:

 Car

Car ie te iure que les siens
N'ont soulas entier ny demy.

L'Homme.

L'Esprit est mon grand ennemy,
Ie le trouue tout phrenetique:
Ie suis, douce Chair, vostre amy:
Enseignez moy vostre pratique.

La Chair.

Helàs, amy, Amour me pique,
Amour me brule en sa fournaise,
Si ton cœur au mien ne s'applique,
Iamais ne seray à mon aise.

L'Homme.

A celle fin que ie vous plaise,
Il ny ha rien que ie ne face.
Ha Chair il fault que ie vous baise,
Retenez moy en vostre grace.

La Chair.

Il fault que de ton cœur s'efface
Tout chagrin & toute douleur,
A fin que ceste pasle face
Reprenne sa bonne couleur.

L'Homme.

Ce temps n'ha trop grande chaleur,

Ny auſſi trop grande froidure:
Allons aux champs, pour en valeur
Me remettre tandis qu'il dure.

La Chair.

Allons, c'eſt ce que ie procure:
Allons la Terre viſiter.

L'Homme.

Allons donq Chair ma nourriture.

La Chair.

Allons, c'eſt ce que ie procure.

L'Homme.

Et ſi ceſt Eſprit en murmure,
Laiſſons le à part ſoy deſpiter.

La Chair.

Allons, c'eſt ce que ie procure.

L'Homme.

Allons la Terre viſiter.

L'Eſprit ſeul.

Maudite Chair! ô Chair maudite dite,
Du Dieu qui ha au Ciel empire empire!
L'homme ha par toy & ta pourſuite ſuite
De vil peché qui à martire tire.
Son Ame, helàs, ia ſon Nauire vire.
Il eſt quaſi com' damné condamné,

Et

Et si Dieu veult sentence d'ire dire,
De malheur fut estrené d'estre né.

O Aueuglé qui ne vois le passage,
Par ou te veult faire passer la Chair.
Homme mortel,certes tu n'est pas sage,
De luy vouloir tant la bride lascher.
Elle fera contre toy deslacher
L'arc du courroux de Dieu espouentable,
Et te vendra le plaisir bien,làs,cher
Que tu reçois comme vn espoux en table.

Aduise donq,& regarde comment
Commencement tu prens d'iniquité,
Quitté tu as verité purement,
Pure mensonge ha ton cœur incité.
Cité ie t'ay pour par aduersité,
Cité auoir en la vie immortelle.
Telle n'auras estant de Dieu quitté,
Qui te fera choir en mort eternelle.

La Terre.

Ie suis la Terre delectable,
A la Chair,qui en est venue.
Ie suis sa mere charitable,
Elle est de moy entretenue.
Ie la produits au Monde nue,

Et la

Et la poulse tousiours auant.
Quand sa iournee est aduenue,
Ie la reçoy comme deuant.

La Chair.

Voicy la Terre qui tout porte,
Approchons nous d'elle vn petit.

L'Homme.

C'est le poinct qui me reconforte:
Voicy la Terre qui tout porte.

La Chair.

Si ie ne la voy ie suis morte.

L'Homme.

La voyant ie prens appetit.

La Chair.

Voicy la Terre qui tout porte.

L'Homme.

Approchons nous d'elle vn petit.

La Chair à la Terre.

Dieu vous veuille ayder,
Sauuer & garder
Honoree mere.

La Terre.

Et de vous aussi,
Soit il fait ainsi,
Chair, ma fille chere.

La Chair.

Sauez vous l'affaire,
Qui vers vous retraire
Maintenant nous fait.

La Terre.

Ie ne le scay mie,
Mais ie vous supplie,
Contez moy le faict.

La Chair.

C'est l'homme imparfait,
Qui veult par effect,
Vous voir & congnoistre.

La Terre.

L'Homme mescongnu,
Soit tresbien venu,
En ce lieu terrestre.

La Chair.

Il desire d'estre,
Mis en vostre cloistre,
Pour voz biens auoir.

La Terre.

Ie suis toute preste,
Selon sa requeste,
A le receuoir.

La Chair.

Faites donq deuoir,
De luy faire voir,
Toutes voz finances.

La Terre.

Quiconques sera
De mes gens,aura
Tresors & cheuances.

Haulteines puissances,
Pompes & bobances,
Ie fais sans raison.

Ceux là qui me suiuent,
Tout le temps qu'ilz viuent,
Ont biens à foison.

En toute saison,
Riche est la maison,
De ceux que ie meine.

Vignes,prez,champs beaux,
Villes & Chasteaux,
Sont en leur demaine.

Toute la semaine,
Ilz viuent sans peine,
Comme ilz ont desir.

Les tapisseries,
Et orfeureries,
Sont pour leur plaisir.

Si fieure à loifir,
Vient leur corps faifir,
Medecins ny faillent,
     Qui pour mettre hors,
Ce mal de leur corps,
Maints remedes baillent.

     Mais fi rien ny vaillent,
Les morceaux qu'ilz taillent,
Ains faille mourir,
     En pompes funebres,
Non pas en tenebres,
On les vient querir.

     Lors pour acquerir,
Vn bruit fans perir,
L'Eglife refonne
     Si fort, qu'on diroit,
Qui ne le fauroit,
Que c'eft Dieu qui tonne.

     Chacun s'en eftonne,
Et par l'œuure bonne
On eft incité,
     De dire, que l'Ame
Du corps fouz la lame
Ayt felicité.

     La Pofterité,
En eternité

Les

Les tiendra sans cesse.
　　Ca bas immortelz
Tant que sus autelz
On chantera messe.
　　Voila la richesse
Laquelle i'adresse
A mon seruiteur.
　　Nul auoir ne pense
Telle recompense
S'en moy n'ha son cœur.

L'Homme.

O Chair que d'honneur
Vous faites acquerre!
O que de bonheur,
Me promet la Terre!

La Chair.

D'auantage auras
Si tu la veux suiure,
En ioye pourras
Sus icelle viure.

L'Homme.

Chair enseignez moy
La sorte & maniere
Que suiure ie dois
En ceste matiere.

h　　　　La

La Chair.

Trompe en chacun lieu
Ton prochain sans feinte,
Et n'aye de Dieu
L'amour ny la crainte.

L'Homme.

Mon cœur seulement
Est en auarice:
Est ce pas comment
Lon vous est propice?

La Chair.

Auaricieux
D'attrapper monnoye
En faits vicieux
Prodigue on te voye.

L'Homme.

Pour au temps qui court
Me mettre en audace,
Il fault que la court
Vn chacun me face.

La Chair.

Habits somptueux
Te fault pour vestures,
Anneaux precieux,
Chaines & dorures.

L'Homme.

Et pour ma santé garentir
Fault il pas de bonne viande?
Il ne vous en fault point mentir
I'ay vn peu la gorge friande.

La Chair.

Des poissons mange les plus vieux,
La chair ieune beaucoup plus i'ayme.
Sois tousiours en table ioyeux,
Et laisse aux poures la caresme.

L'Homme.

Ie veux aussi mon passetemps
Prendre au ieu d'amour qui fait rire.
Vous sauez bien ce que i'entens,
Il ne vous en fault pas plus dire.

La Chair.

Il te fault tousiours pres tenir
De quelques belles damoiselles:
Les baiser, les entretenir,
Et t'efforcer de iouir d'elles.

L'Homme.

Ceste vie m'est fort duisante,
C'est celle mesme qu'il me fault.

La Chair.

Que m'estimes tu?

L'Homme.

Tresplaisante.

La Chair.

Et l'Esprit?

L'Homme.

De luy ne me chault.

La Chair.

Que fault il faire?

L'Homme.

Bonne chere.

La Chair.

C'est mon, aussi nous la ferons.

L'Homme.

Comment?

La Chair.

De la Terre ma mere
Malgré l'Esprit nous iouirons.

L'Homme.

Il nous fault donques pourchasser
D'auoir ces biens à toute voye.
On prend le lieure par chasser,
Chien paresseux n'ha iamais proye.

La Chair.

Allons, tu as sagement dit,
Allons mettre ordre à nostre affaire.

L'Hom

L'Homme.

Allons nous poulser en credit.

La Chair.

Allons, tu as sagement dit.

L'Homme.

Et si aucun nous contredit
Nous le ferons bien soudain taire.

La Chair.

Allons, tu as sagement dit,
Allons mettre ordre en nostre affaire.

Le Ciel à l'Esprit.

Que contez vous Esprit mon filz trescher,
De ceste faulse & malheureuse Chair,
Qui tient ainsi l'Homme prins en ses lacs.
Les iours viendront qu'il en dira helàs,
S'il ha son cœur en la terre endurci,
Et n'ha de moy, qui suis le Ciel, soucy.
Il receura en fin pour recompense
Damnation, plus dure qu'il ne pense.
Priué sera à iamais de la ioye
Laquelle à ceux qui m'ont cherché i'ottroye.
Mais il ne fault ainsi le deietter.
Esprit mon filz allez le admonester
De son salut: faites tant qu'il retourne
A se congnoistre, & son cœur il destourne

De

De ceſte Chair, qui par affection
Le veult mener à ſa perdition.

L'Eſprit.

O pere Ciel, qui as tout ce grand monde
Enueloppé en ta couuerte ronde,
Pleuſt or à Dieu lequel te fait tourner,
Et par compas la Terre enuironner,
Que l'Homme penſe entierement ſauoir
Les biens qu'il peult par ton adreſſe auoir:
Et qu'il congnuſt le malheureux ſalaire
Qu'à la parfin Terre luy viendra faire.
Pleuſt or à Dieu qu'il fuſt bien aduerti,
Lequel des deux eſt le meilleur parti.
Auſſi n'eſt il à mon auis poſſible,
Qu'il abandonne vn peché tant horrible,
Si le Seigneur n'y veult mettre la main.
La raiſon eſt, que le courage humain,
Depuis qu'Adam tourna à Dieu le doz,
Eſt endurci comme s'il eſtoit d'os,
Et eſt beſoing que Dieu ſeul l'amolliſſe
Par ſon eſprit, auant que bien en yſſe,
Et ne peult l'Homme à ſon Sauueur aller
S'il ne luy plaiſt auant de l'appeller.
Voila parquoy ie crains que mes efforts
En ſon endroit ne ſoient pas les plus forts,
Si Dieu n'y met par ſa bonté remede.

Le Ciel.

Dieu ne refuse à personne son ayde:
Et du pecheur ne cherche pas la mort,
Ains le salut.par ainsi,ce remord
Ne te doit pas,Esprit tant esmouuoir,
Que tu sois las de faire ton deuoir.
Va donq mon filz, va poursuiure l'ouurage
Qu'as commencé.

L'Esprit.

I'y vais donq pere sage.

La Chair à l'Homme.

Or ça compaignon fidele,
N'est pas belle
La Terre qu'il te fault suiure.
Veux tu pas mourir & viure
Auec elle.

L'Homme.

Tant que viuant ie seray,
I'aymeray
La Chair en vn chacun lieu.
Et de la Terre,mon Dieu
Ie seray.

L'Esprit.

O meschant homme execrable,
Pis que diable,

Iusques à quand lairras tu
Le beau chemin de vertu
Tant louable?

La Chair.

Homme ne sois point variable
L'Esprit te vient donner l'assault.

L'Homme.

S'il fait par trop du venerable,
On luy fera faire le sault.

L'Esprit.

Homme mortel voy ton default,
Encores de Dieu te souuienne.
Ce n'est pas ainsi comme il fault
Viure selon la foy Chrestienne.

La Chair.

Garde toy bien qu'il ne te tienne.
S'il te peult tenir vne fois,
De toute la liesse tienne
Ie ne donrois pas vne noix.

L'Esprit.

Homme helàs si ie te tenois,
Ie te ferois congnoistre appoint
Le vray Dieu que tu ne congnois,
Et le grand peché qui te poinct.

La

La Chair.

Homme ne t'abandonne point,
Pour tout ce qu'il te peult promettre:
Car il ne tend pas à ce poinct,
Que pour en misere te mettre.

L'Homme.

Vous en auez fort bonne lettre,
Esprit fascheux, de vous venir
En mes affaires entremettre,
Allez, sans iamais reuenir.

La Chair.

Il nous veult de plaisir bannir,
De liesse & de reconfort.
Il nous veult de douleur garnir,
De fascherie & desconfort.

L'Esprit.

Le diable sera il plus fort
En ton endroit, Homme chetif:
Tu fais au saint Esprit effort,
Tu es bien peu de Dieu craintif.
Au moins sois vn peu attentif
A ce que ton Dieu te commande.
A ce que par moy il te mande
Pour les biens du Ciel conquester.

L'Homme.

Or ça Esprit, ie vous demande,
Que voulez vous tant caquetter?

La Chair.

Vous estes fol de l'arrester,
Vous en rendrez vostre mal pire.

L'Homme.

Si veux ie ouir son cas conter,
Pour entendre ce qu'il veult dire.

La Chair.
Vous estes fol.

L'Esprit.
Mais Dieu l'inspire.

La Chair.
Voulez vous laisser?

L'Homme.
Quoy?

La Chair.
La Terre.

L'Homme.
Non.

La Chair.
Que l'Esprit donq se retire.

L'Esprit.
Veux tu pas?

L'Hom

L'Homme.

Quoy?

L'Esprit.

Le Ciel conquerre.

L'Homme.

Voire.

L'Esprit.

Mes dits en ton cœur serre.

La Chair.

Il ha menti.

L'Esprit.

C'est toy qui ments.

L'Homme.

Ie n'ouy onques tel tonnerre.

La Chair.

Par la mort.

L'Esprit.

Laissons ses serments.

La Chair.

Tu viens vser d'enchantements
Pour l'auoir.

L'Esprit.

C'est toy mesme fole.
Ie n'ay point d'autres instruments,
Que de Dieu la sainte parole.

L'Hom

L'Homme.
Voilà,ce propos me console.
Dites moy Esprit vostre auis.

La Chair.
Ha le meschant maistre d'escole.

L'Homme.
Voilà,ce propos me console.

La Chair.
Deuant qu'il soit au bot du roole
Regret prendrez en ses deuis.

L'Homme.
Voilà,ce propos me console.
Dites moy Esprit vostre auis.

L'Esprit.
Entendez moy hommes à Dieu rauis,
Qui voulez estre eternellement vifs.
Christ vray Prophete, & vray Prestre et vray Sire,
Qui des pecheurs le sauuement desire,
Veult ses enfans au Ciel thesaurizer,
Et tous les biens de Terre despriser:
Car les larrons infames & tresords,
Desrobent bien de Terre les thresors:
Mais les thresors qui sont au Ciel cachez,
N'en sont iamais ostez ny arrachez.
Enfans (dit il) qu'il est bien difficile,

D'entr

D'entrer du ciel à l'homme trop habile
De s'enrichir. Vn gros cable (dit il)
Plus toſt au trou d'une aguille ſubtil
Pourroit paſſer, qu'un auaricieux
Paruenir puiſſe en la gloire des cieux.
Car le vice, ou idolatrie abonde,
Deſplaiſt à Dieu plus que vice du monde.
Et ces gens là ſont tant deſmeſurez,
Que par eux ſont ces folz biens adorez.
Ilz en ſont tant amoureux & follaſtres,
Qu'à droit ſaint Paul les appelle idolaſtres.
Chriſt voye & vie, & ſeure verité,
Nomme telz biens, mammon d'iniquité.
Or plourez donq (dit ſaint Iaques l'Apoſtre)
Riches plourez de la miſere voſtre,
Et du malheur lequel vous aduiendra.
Voſtre richeſſe en pouldre deuiendra.
L'or & l'argent dont vous eſtes ſouillez,
En voz buffets ſont deſia enrouillez.
Et l'enrouilleure à voſtre grand dommage
Portera toſt contre vous teſmoignage.
Gaigné auez du Seigneur le courroux.
Regarde donq, Homme, mon amy doux,
Prens garde vn peu, & voy que la racine
(I'en fay teſmoing la parole diuine)
De tout peché vient de cupidité.

L'Hom

L'Homme,

Ie me sens estre en grand perplexité.
Dois ie laisser la Chair qui m'est tant bonne?
Non.qu'áy ie dit?si fault:car Dieu l'ordonne.
Non fait:ce n'est qu'une trop simple crainte.
Helàs ie faux,c'est vne chose sainte,
Et si ne scay:si fay:làs,ie le croy.
A quel propos ? c'est vn arrest de foy.
Mais me fault il abandonner richesse?
Me fault il viure en tout temps sans liesse?
Ie ne feray:point ne lerray ces biens.
C'est mesme Dieu qui donne les moyens
De les auoir:ne vault il pas mieux viure
A son plaisir & la volupté suiure,
Qu'estre tousiours en souciz & regretz?
Ha que les faits du Seigneur sont secretz!
Que dites vous Esprit ? sont veritables
Tous voz propos?

L'Esprit.

Sont ilz pas equitables.
Peux tu auoir chose plus foible & vaine
Que la richesse & cheuance mondaine,
Qui seulement vers toy demeurera,
Tant que ta vie icy bas durera,
Et bien souuent non pas tant:car fortune

Tourn

Tourne sa roue, & n'est pas tousiours vne?
Chacun scet bien (sans ce que ie le die)
Que Cresus roy tresriche de Lydie
Le congnut bien, estant appareillé
D'estre en vn feu honteusement brulé.
Denys tyrant par son audace folle,
De puissant Roy fut fait maistre d'escole.
Polycrates tyrant des Samiens,
A qui fortune auoit fait tant de biens,
Eut bien moyen de le voir & entendre
Quand Orontes le feit au gibet pendre.
Scylla, Crassus, Marc Tulle, & autres maints
L'ont essayé tant Gregois que Rommains.
N'ha on pas veu des Seigneurs & des Princes
Cheriz des Roys, redoutez des prouinces,
Et puis apres tresmal receuz es Cours?
N'en void on pas encores tous les iours?
Le meilleur donq, & plus seur, est d'eslire
Les biens du Ciel. Vien ça, il te fault lire
Vne deuise, en laquelle est escrit
Vn dit extrait de la reigle de Christ.
Ly donq cela.

L'Homme.

C'est ainsi que ie pense,
NON QVAE SVPER TERRAM.

L'Esprit

L'Esprit.

C'est la sentence
Qu'un bon Chrestien doit en son cœur tenir.
O bon Prelat, Dieu veuille maintenir
Ton ame sainte en son diuin seruice.
Voila, voila d'un bon Pasteur l'office,
Quand il enseigne & par faits & par dits
Le bon chemin tirant en Paradis.

L'Homme.

Enseignez moy les saints Edits
Du Seigneur Dieu pour bien l'ensuiure.

L'Esprit.

Il y en ha en nombre dix,
Qui sont escrits en cestuy liure.

L'Homme.

Dequoy sert ce liure.

L'Esprit.

Il fait viure,
L'ame à son aise.

L'Homme.

Est il possible?

L'Esprit.

Certes ouy, & la deliure
De toute erreur.

L'Hom

L'Homme.

Mais son nom?

L'Esprit.

Bible.

L'Homme.

Bible, Iesus le mot horrible,
Onques ie n'en fus desiuné.

L'Esprit.

A celuy la il est terrible,
Qui à la chair est adonné.

L'Homme.

Puis qu'il est si bien ordonné,
I'y veux lire quelque escriture.

L'Esprit.

Pas ne fault qu'il soit prophané,
Ou leu sans reigle ny mesure.

L'Homme.

Si la lettre n'est trop obscure,
Ma pensee au vray sens viendra.

L'Esprit.

Lisant la lettre à l'aduenture,
Du vray sens ne te souuiendra.

L'Homme.

Qui donques le sens m'apprendra?

L'Esprit.

Ce sera moy qui testifie,
Que la lettre te confondra,
Si en elle trop tu te fie.

L'Homme.

Or bien donq,ie vous certifie
Que sans vous rien n'en tireray.

L'Esprit.

La lettre occit,ie viuifie.
Suy moy.

L'Homme.

Ou?

L'Esprit.

Par tout ou i'iray.

La Chair seule.

Si est ce que i'iray apres,
Quoy que cest Esprit die ou face,
Ie le suiuray tousiours de pres,
Et luy bailleray fort la chasse.
Il n'ha pas encores la place:
I'ay tousiours bon vn pied dedens,
Et feray vn tour de fallace
A l'homme,en despit de ses dents.

Le Ciel seul.

Maints dangereux & mauuais accidents,

Sont

Sont maintenant sus la Terre euidents,
Par le forfait de la Chair qui domine
Sus les humains, chose par trop indigne.
Et eux encor veulent couurir leur faulte,
La reiettant sus ma puissance haulte.
Comme en disant, que quand ilz furent nez,
A ce par moy ilz furent inclinez.
Pource qu'en moy i'ay sept grands luminaires,
Qu'ilz ont congnu par raisons necessaires,
Considerans à semblables raisons
Douze trouppeaux qu'ilz appellent Maisons,
En asseurant que de ces lieux prouient
(Menteurs qu'ilz sont) tout le mal qui leur vient.
Et si bonheur leur aduient d'aduenture,
Cela viendra (diront ilz) par leur cure.
Tout au rebours ilz font, car ilz n'ont rien
En eux que mal, & de Dieu vient le bien.
Mais qu'ainsi soit que mes astres incitent,
Fault il pourtant dire qu'ilz necessitent?

L'Homme à l'Esprit.

O les beaux mots qui resuscitent
Mon ame de damnation!

L'Esprit.

Ce sont les mots qui nous inuitent
Au chemin de saluation.

L'Homme.

Entrons en contemplation
Des biens qui font au Ciel promis.

L'Efprit.

Pour euiter tentation,
Entrons en contemplation.

L'Homme.

Quelle remuneration
Baillera Dieu à fes amis?

L'Efprit.

Entrons en contemplation
Des biens qui font au Ciel promis.

La Chair à L'Homme.

Tu es entre tes ennemis
Poure homme, de ton mal ie pleure.

L'Efprit.

Leue en hault les yeux endormis.

La Chair.

Tu es entre tes ennemis.

L'homme.

Mes yeux ne font plus en bas mis.

L'Efprit.

Voir le Ciel eft chofe plus feure.

La

La Chair.

Tu es entre tes ennemis
Poure homme, de ton mal ie pleure.

L'Esprit.

Or considere homme à ceste heure
Les grans plaisirs solacieux
Que reçoit l'Ame qui demeure
Perpetuellement es Cieux.

Le Ciel.

Gracieux
Et precieux
Sont les biens de l'Ame belle
Qui deuant Dieu
En ce lieu
Sera en ioye eternelle.
Ceste merueille
L'oreille
Corporelle oncques n'orra.
La veüe
Tant soit aigue
En son corps ne la verra.
Mille fois
Cent mille voix
Ne pourront à moitié dire
Le bien de ceux

Qui heureux
Viuront au celeste empire.
　　　Par l'auancee
Penſee
D'vn humain entendement,
Loiſible
N'eſt, ny poſsible
A comprendre ſeulement.
　　　Qui croira,
Ce bien aura,
Foy, Charité, Eſperance,
Luy donneront,
Et feront
Auoir celle iouiſſance.
　　　Tout par l'inclite
Merite
De la mort de ſon Sauueur.
Ne penſe
Donq recompenſe
Auoir deüe à ſon labeur.
　　　Le moyen
D'auoir ce bien
Ceux là ne pourront acquerre,
Qui endormis
Ont tout mis
Leur courage aux biens de terre.

L'hom

L'Homme.

Ie ne vueil plus autre bien querre
Que ceux du Ciel perpetuelz.

L'Esprit.

Ton cœur à ceste heure pas n'erre.

L'Homme.

Ie ne vueil plus autre bien querre.

L'Esprit.

Il fault liurer à la Chair guerre,
Pour auoir biens spirituelz.

L'Homme.

Ie ne veuil plus autre bien querre
Que ceux du Ciel perpetuelz.

L'Esprit.

Il te fault donq chasser la Chair infame,
Qui est contraire au salut de ton Ame:
Car si tu suy la Chair, en ce faisant,
Ne pense pas estre à ton Dieu plaisant.
Ses œuures sont Paillardise, soillure,
Idolatrie, adultere, & ordure,
Inimitié, prison, contention,
Secte, debat, courroux, dissention,
Yurongnerie, & toute insipience.
Les miennes sont, charite, patience,
Paix, ioye & foy, bonté, & chasteté.
Brief, vn cœur net, & toute honnesteté.

i 4

L'hom

L'Homme.

Ie ne veux plus en la Chair me fier.
Que doy ie faire?

L'Esprit.

Hé la mortifier.

L'Homme.

I'en suis content, vous en aurez
Maudite Chair.

La Chair.

Vous mentirez,
Ie vous tien bien en ma cordelle.

L'Homme.

Comment? vous faites la rebelle,
Si vous feráy ie bien venir.

La Chair.

Ie vous tien bien en ma cordelle.

L'Homme.

Comment? vous faites la rebelle.

La Chair.

Vous perdez temps, & la chandelle,
Mieux vous vaudroit d'en abstenir.

L'Homme.

Comment? vous faites la rebelle,
Si vous feráy ie bien venir.

L'Esprit.

L'Esprit.

Il la te fault tresbien punir.

L'Homme.

Ie n'en puis pas venir au bout.

L'Esprit.

Efforce toy de la tenir,
Il la te fault tresbien punir.

L'Homme.

Ie ne puis ses coups soustenir,
Elle me gastera du tout.

L'Esprit.

Il la te fault tresbien punir.

L'Homme.

Ie n'en puis pas venir au bout.

L'Esprit.

Or voy donq, quelle est ta foiblesse,
Poure Homme, sans ton Createur.
Et ta priere à luy adresse,
Afin qu'il te soit adiuteur.

L'Homme.

Graces te rends, ô Dieu, qui m'as eslu
A ton honneur, & tirer m'as voulu,
Du goulphre noir, abisme de peché,
La ou ie fus par la Terre empesché.
Helàs, Seigneur, ie te pry cree en moy,

Vn cœur tout net : & fait croistre ma foy,
En me donnant la grace de combatre
Contre la Chair, qui tache de m'abbatre:
A fin qu'ayant d'elle receu victoire,
Oeuure de moy ne sorte qu'à ta gloire.

La Chair.

Helàs, ie suis morte,
Mon pouuoir se perd:
Dieu ha la main forte,
Ores m'en appert.

L'Esprit à l'Homme.

A fin que tu viues,
Ie te meneray:
Il fault que me suiues
Par tout ou i'iray.

L'Homme.

Ie suiuray la voye,
Ou tu passeras,
Et auray grand ioye,
Quand vers moy seras.

Le Ciel seul.

Ie m'esiouy, & fais maintenant feste,
D'auoir sauué vne Ame qui estoit
En grand danger ou la Chair la mettoit,
Et dont Satan vouloit faire conqueste.

Desia

Desia son lieu & son siege i'appreste,
Si maintenant de corps se deuestoit,
si deuant Dieu elle se presentoit,
Elle pourroit trouuer sa place preste.
　　Or s'il aduient que quelqu'vn vous demande,
Pour quelle cause est ma ioye si grande,
Par vous luy soit en ce poinct respondu:
　　Plus ioyeux est d'vne brebis perdue,
Le bon berger, alors qu'elle est rendue,
Que du troupeau qui n'estoit pas perdu.

L'Esprit à l'Homme.

Homme c'est assez attendu,
Et vescu en souci & peine.
Ton loyer te sera rendu,
Tantost en gloire souueraine.

L'Homme à la Chair.

Adieu donq Chair, l'Esprit m'emmeine,
Tombez en putrefaction.
En attendant l'heure certaine,
De vostre Resurrection.

La Chair à la Terre.

Terre ma mere ie me vien
Rendre vers vous, receuez moy.

La Terre.

Ie te reçoy, & te retien,

Chair

Chair fille chere approche toy.

L'Homme en gloire.

O douce ioye, ô grand soulagement,
O vision de Dieu que plus ie prise.
Helàs mondains si vous sauiez comment,
Des bienheureux au Ciel la ioye est prise,
Vous lairriez là traffique & marchandise,
Pour ces folz biens, & richesses conquerre:
Et retiendrez sans faire autre entreprise,
Le cœur au Ciel & non pas en la Terre.

L'Esprit.

La Chair en fin donne peine & tourment,
A ceux qui ont vescu selon sa guise.
Et l'Esprit fait viure eternellement,
L'Ame, qui est d'Amour diuine esprise.
L'infirme chair quelque peu temporise
Auecques l'or, & precieuse pierre,
L'Esprit tousiours l'Homme d'auoir auise,
Le cœur au Ciel & non pas en la Terre.

Le Ciel.

La Chair reçoit vn peu d'esbatement,
Tandis qu'elle est dessus la Terre mise:
Mais puis apres elle en ha son payement,
De pourriture & puanteur comprise

En

En vn cercueil.mais l'Ame qui droit vise
Au Ciel,pourra vie immortelle acquerre:
Ie dy de ceux qui ont eu sans feintise,
Le cœur au Ciel,& non pas en la Terre.

Conclusion à Monseigneur
le Cardinal.

Sage Pasteur,Cardinal en l'Eglise,
Ou est assis le successeur saint Pierre,
Ie dy qu'on doit auoir par ta deuise,
Le cœur au Ciel,& non pas en la Terre.

F I N.